Kontaktadresse nach EU-Produktsicherheitsverordnung:
produktsicherheit@droemer-knaur.de

KNAUR.LEBEN

Über den Autor:
Pierre Franckh, FOCUS- & SPIEGEL-Bestsellerautor, gehört mit einer Gesamtauflage von über 3 Millionen Büchern, CDs, DVDs zu den erfolgreichsten deutschen Spitzenautoren. Seine Bücher sind in 21 Ländern erschienen. Als Speaker, Mentaltrainer und Motivationscoach ist er in der Wirtschaft tätig. Nach seinen Anweisungen haben Hunderttausende von Menschen ihr Leben zum Positiven verändert. Er gehört zu den einflussreichsten Persönlichkeiten im deutschsprachigen Raum. Gemeinsam mit Michaela Merten, Bestsellerautorin & Erfolgscoachin, hat er die Online Academy & Community Happiness House gegründet. Das Persönlichkeitsentwicklungsportal für Selbstoptimierung & Potenzialentfaltung: https://happinesshouse.de/

www.pierre-franckh.de

Pierre Franckh

21 Wege,
die Liebe zu finden

KNAUR.LEBEN

Besuchen Sie uns im Internet:
www.knaur-leben.de

Vollständige Taschenbuchausgabe Juni 2022
Knaur.Leben Taschenbuch
© 2006 Knaur Verlag
© 2011/2022 für die deutsche Taschenbuchausgabe Knaur Verlag
Ein Imprint der Verlagsgruppe
Droemer Knaur GmbH & Co. KG, München
Alle Rechte vorbehalten. Das Werk darf – auch teilweise – nur mit
Genehmigung des Verlags wiedergegeben werden.
Redaktion: Antje Nissen
Covergestaltung: ZERO Werbeagentur, München
Coverabbildung: FinePic®, München
Satz: Adobe InDesign im Verlag
Printed in Germany
ISBN 978-3-426-87935-1

2 4 5 3

Inhalt

Am Wendepunkt 9
Erinnere dich 19
Neue Wege beschreiten 23

I Die Illusion der Liebe erkennen 25
Ich liebe dich, weil 27
Man kann nicht lieben, was man braucht 35

II Sich der Liebe öffnen 39
Trauer – Aufbruch in ein neues Leben 41
Den Kritiker in uns zum Schweigen bringen 52

III Die Liebe zurückerobern 57
Die Suche nach der Liebe endet immer in dir 59
Sich selbst annehmen 63

IV Um die gemeinsame Liebe kämpfen 71
Die heilsame Kraft des Vergebens 73
Das Wunder der körperlichen Liebe 80

**V 21 Wege, die Liebe einzuladen
und zu bewahren** 95
 1. Mit den Augen der Liebe 97
 2. In der Stille liegt die Kraft 102
 3. Das Geschenk des Schenkens 106
 4. Danken ist eine Ausdrucksform von Liebe ... 111
 5. Rituale bilden ein sicheres Fundament 115
 6. Wahre Liebe sieht hinter die Masken 120
 7. Wem ist damit gedient? 125

8. Distanz schafft Nähe 128
9. Liebe braucht kein Startkapital 134
10. Das Ja und das Nein in der Liebe 139
11. Liebe zeigt sich in den kleinen Dingen 148
12. Wenn dies mein letzter Tag wäre 151
13. Tiefes Verständnis entwickeln 156
14. Was du weggibst, kommt zu dir zurück 164
15. Glücklichsein
    ist die schönste Form der Liebe............. 169
16. Die Magie des Küssens.................... 179
17. Das Wunder des Lächelns 183
18. Sprechen sollte nur,
    wer mehr zu sagen hat als die Stille.......... 189
19. Mit dem Herzen denken 193
20. Das erstaunliche Potenzial von Eifersucht ... 202
21. Lieben heißt das Gute sehen 210

Hört nicht auf, an euch zu glauben............. 216
Eine Liebeserklärung 219

Ein Kind, das Liebe erfährt,
wird, erfüllt von dieser Liebe,
immer bestrebt sein, diese Liebe weiterzugeben.

Ein Kind, das ohne Liebe aufwächst,
wird immer verzweifelt diese Liebe suchen.
Ein ganzes Leben lang.

Am Wendepunkt

*Am tiefsten Punkt des Lebens
geschieht meist ein Wunder.*

Es gibt Momente im Leben, an denen es scheinbar nicht mehr weitergeht. Einen solchen Punkt hatte ich erreicht, als ich 37 Jahre alt war.
Mein Vater lag im Koma. Ein Autounfall hatte ihn völlig überraschend aus dem Leben gerissen. Ohne mich von ihm verabschiedet, ohne ein klärendes Gespräch zwischen Vater und Sohn geführt zu haben, gab es nun keine Möglichkeit mehr für all die Worte, für all die Besuche und Anrufe, die ich viel zu selten getätigt hatte, für das Aussöhnen und für all die Dinge, die ich mir für irgendeine ferne Zukunft aufgespart hatte. So viel hätte es noch zu sagen gegeben, so viele Gedanken auszutauschen, aber der plötzliche Tod meines Vaters schlug eine tiefe Schneise in mein Leben. Und diese Schneise war durch nichts mehr rückgängig zu machen.
Erst zwei Tage nach dem Unfall konnte ich von den Dreharbeiten zu meinem sterbenden Vater ins Krankenhaus eilen, wo er, an viele Schläuche angeschlossen, im Koma lag. Es wäre ein Wunder, sagten die Ärzte, dass sein Herz noch immer schlug. Die inneren Verletzungen waren so gewaltig, dass man nicht verstand, was seinen Körper noch am Leben hielt.

Ich jedoch wusste es. Ohne jemals wieder aus seinem Koma zu erwachen, schien es ganz so, als hätte er auf mich gewartet, um mir wenigstens noch diese Art von Abschied zu ermöglichen.

Nie zuvor habe ich die Liebe zu meinem Vater stärker gespürt als in jener Nacht. Ich sprach mit ihm. Ich war überzeugt, dass er mich hören würde. Ich sagte ihm alles, was ich bisher verschwiegen hatte. Ich söhnte mich mit ihm aus, schuf Frieden zwischen uns und spürte eine seltsam tiefe Liebe, die uns in diesem Moment stärker miteinander verband als jemals zuvor. Erst in jener Nacht fiel mir auf, wie achtlos und selbstverständlich ich mit der Anwesenheit des Menschen, den ich so sehr liebte, umgegangen war.
Aber nun war es zu spät. Mein Vater lag im Sterben, und nichts konnte ihn wieder zurückbringen. Ich musste ihn gehen lassen. Noch in dieser Nacht. Drei Stunden nach meinem Eintreffen gab sein Körper schließlich auf, und der regelmäßige Piepston auf dem grünlichen Monitor wandelte sich in einen lang anhaltenden Strich, als das Herz meines Vaters zu schlagen aufhörte.
Die Schläuche wurden entfernt, sein lebloser Körper auf eine Rollbahre gehoben, ein weißes Tuch über ihn gelegt, und dann schoben zwei Männer ihn aus dem Raum. Ich hatte meinen Vater zum letzten Mal gesehen.

Einige Wochen später – ich stand noch völlig unter Schock – verließ mich meine damalige Lebenspartnerin. Sie hatte, für mich völlig unerwartet und über-

raschend, einen Liebhaber, mit dem sie nun Tag und Nacht verbrachte. Als ich um sie kämpfen wollte, erzählte sie mir ganz unverblümt, wie wundervoll ihr neuer Liebhaber im Bett sei, was für einen tollen Körper er habe, wie gut er aussehen würde und wie charmant und aufmerksam er im Gegensatz zu mir sei.
Am tiefsten Punkt meines Lebens angelangt, saß ich plötzlich völlig allein in einer viel zu großen, leer geräumten Wohnung. Und als wäre diese Niederlage nicht genug, traf mich nun auch noch die Kehrseite des Ruhmes. Die Boulevardpresse verhöhnte mich und stempelte mich als Störenfried ab, der das neue Glück seiner Exfreundin behinderte. Es erschienen Fotos von mir, die zum Image des unglücklichen Bösewichts passten, während das neue Paar verliebt und händchenhaltend in allen Zeitungen seine Liebe demonstrierte.
Ich wagte mich nicht mehr aus dem Haus und fühlte mich gebrandmarkt. Jeder wusste von meinem Leid. Der Bäcker, die Nachbarn, der Schaffner, die grinsenden Leute auf der Straße. Einsam und verlassen, ohne zu verstehen, warum gerade mir das alles passierte, schlief ich kaum noch, aß nichts mehr und wollte von niemandem mehr etwas wissen. Über Nacht war mein Leben zu einem einzigen Trümmerhaufen geworden. Mein Vater war gerade erst beerdigt worden, die Scheidung meiner ersten Ehe in vollem Gange, und nun hatte sich auch noch meine Partnerin, mit der ich fünf Jahre zusammen gewesen war, am tiefsten Punkt meines Lebens völlig unvermittelt von mir abgewandt.
In meiner Ohnmacht saß ich stumpfsinnig auf einem Stuhl, starrte tagelang eine leere Wand an und wartete, dass es Abend wurde, um einen sinnlos gewordenen

Text in irgendeinem Theater aufzusagen. In der Nacht wartete ich, dass es endlich Morgen werden würde, damit ich das Bett wieder verlassen konnte, das nun so leer geworden war und mich nur an meine Einsamkeit erinnerte, während meine Freundin zur gleichen Zeit höchstes Liebesglück erfuhr. In meiner Verlorenheit und Trauer sah ich sie so lebhaft vor meinem geistigen Auge, dass ich häufig auch nachts zu meinem Stuhl zurückkehrte.

Die größte Ironie des Schicksals aber war, dass ich meine Exfreundin jeden Abend im Theater zu sehen bekam. Strahlend schön und aufgeblüht durch ihre neue Liebe. Ich dagegen sank tiefer und tiefer.

Die Liebe erschien mir so fremd und verlogen, so verletzend und unbeständig, dass ich mich nie wieder darauf einlassen wollte. Mein Leitsatz, der mir damals absolut richtig erschien, hieß: »Je mehr man liebt, desto mehr leidet man.« Ohne Familie, ohne Partnerin, hatte ich Angst, für immer allein bleiben zu müssen und niemals in den Genuss von wahrer Liebe kommen zu dürfen.

Vor allem aber war das Leben etwas, das für mich völlig an Wert verloren hatte. Es war mir irgendwie egal, ob ich leben oder sterben würde. Nicht dass ich tot sein wollte. Für solch einen zielgerichteten Gedanken hatte ich überhaupt keine Kraft mehr. Es war einfach egal. Es machte keinen Unterschied. Tot zu sein hatte einfach genauso viel Wert, wie zu leben.

Es gab schlichtweg nichts mehr, für das es sich zu kämpfen lohnte. Es gab kein Ziel, keine Vision, nicht einmal die geringste Hoffnung, dass es jemals wieder anders werden würde.

Alle Kämpfe, alles Abstrampeln, alle Mühe hatten mich letztendlich zu diesem Stuhl und zu dieser Wand geführt, die ich seit Tagen und Nächten verloren anstarrte. All die vielen roten Teppiche, über die ich gegangen war, das Blitzgewitter der Kameras, der Applaus, der Stolz und die Freude über den Erfolg, die Premieren und die Talkshows und das Gefühl, »wichtig« und »unentbehrlich« zu sein, waren sinnlos und vergänglich geworden. All die Stunden in den Betten schöner Frauen, die Liebesschwüre, die Versprechungen und Augenblicke der Hingabe hatten mich zu der Verlorenheit dieses Stuhls geführt. Welchen Sinn hatte also das Leben? Vor allem, welchen Sinn hatte *mein* Leben? Ich empfand mich nicht als schön, nicht als gut aussehend, nicht als erfolgreich und schon gar nicht als liebenswert.

Kraftlos blätterte ich in den Büchern meines Vaters, ohne den Sinn der Worte wirklich zu erfassen. Bis mir eines Nachts ein astrologisches Buch in die Hände fiel. Es war an Menschen gerichtet, die unter dem Einfluss von Pluto stehen. Laut den Astrologen dieses Buchs sorgt Pluto anscheinend dafür, dass alles Bisherige im Leben niedergerissen wird, eine Situation in der ich mich ziemlich deutlich befand. Ein paar Seiten weiter stand ein Gebet, seltsam genug für ein astrologisches Buch. Ohne dessen Sinn zu begreifen, wiederholte mein Verstand die Worte des Gebets. Es war fast so, als wollte sich irgendetwas in mir an etwas festhalten, nachdem *ich* jeden Halt verloren hatte.
Aber allein das Wort »Ich« ergab schon keinen Sinn mehr für mich. Denn wer war ich wirklich? Bis vor wenigen Tagen hatte ich es noch gewusst. Aber alles,

was ich von mir gedacht hatte, war nur ein Trugschluss gewesen. Alle Rollen, die ich eingenommen hatte, alle Masken, die mich zum Erfolg geführt hatten, waren mir heruntergerissen worden. Selbst das Gefühl von Würde war nur ein Trugschluss gewesen. Ebenso der Stolz auf meine bisherigen Erfolge. Ohne Vater, ohne Freunde, ohne Partner, ohne Familie war ich plötzlich zu einer Lachnummer in der Öffentlichkeit geworden. Alle wesentlichen Werte in meinem Leben hatten nicht nur an Bedeutung verloren, sondern sich auch noch gegen mich gerichtet. Alles, womit ich mich bisher identifiziert hatte, war aus meinem Leben verschwunden.
Wenn aber alles, was mich ausmachte, nicht mehr vorhanden war, ich aber dennoch weiterlebte, wer war »ich« dann wirklich? Und wer dachte dann eigentlich über sich nach?

In dieser Einsamkeit der völligen Niederlage geschah etwas Merkwürdiges. Als ich am nächsten Tag, eher zufällig, das Gebet wieder las, verließen mich die Worte nicht mehr. Die Worte des Gebetes rotierten in meinem Verstand, und kaum waren sie beendet, begannen sie von neuem. Anfangs bemerkte ich es nicht, aber die Worte übernahmen immer mehr die Führung und veranlassten meinen Verstand plötzlich, für einen Moment anzuhalten. Das Gebet lautete:

Herr, gib mir die Gelassenheit, Dinge hinzunehmen,
die ich nicht ändern kann,
den Mut, das zu ändern, was ich ändern kann.
Und die Weisheit,
das eine vom anderen zu unterscheiden.

Und dann geschah etwas Unfassbares. Die Worte gewannen eine Kraft, die mein Körper vollständig verloren zu haben schien. Die Worte begannen ein eigenes Leben zu führen. Und so merkwürdig es für mich auch war, irgendetwas in mir vertraute sich ihnen vollständig an. Ich sprach sie erneut, bewusst, voller Hingabe und Demut, und ganz plötzlich, völlig unvorbereitet, als hätte jemand einen Lichtschalter betätigt, erfüllte mich ein unbändiges Glücksgefühl. Es war, als würde mich irgendetwas in eine andere Welt hineinsaugen, eine Welt voller Glückseligkeit. Dieser Sog war körperlich so spürbar, dass ich Angst bekam. Aber je mehr ich mich dieser wundervollen Energie hingab, desto mehr nahm sie zu, bis ich vollständig von diesem Gefühl mitgerissen wurde.

Ich weinte vor Freude, ich lachte, ich tanzte, ich sang. Ich war so voller Energie, dass ich mich einfach bewegen musste. Ich lief in der Wohnung umher, als würde ich sie zum ersten Mal in meinem Leben wirklich betrachten. Alles war irgendwie so anders und neu, erfüllt von einer ganz eigenen Sinnhaftigkeit. Jedes Ding, jeder Gegenstand hatte eine Lebendigkeit, die mir bisher fremd gewesen war. Alles war von einer unglaublichen Schönheit. Der Tisch, der Stuhl, die Wand. Das Licht, die Luft, die Geräusche. Mir stiegen Tränen in die Augen. Noch nie hatte ich das Leben so frisch und unberührt gesehen, als wäre es eben erst erschaffen worden. Nur für mich. Nur zu meiner Freude. Ich fühlte mich umarmt und geborgen. Ich war beschützt und voller … Ja, was genau war es? Wie nannte man dieses Gefühl, das ich bisher noch nicht kennen gelernt hatte und für das es nichts Vergleichbares gab?

Ich stieg auf mein Fahrrad, was ich schon seit Jahren nicht mehr getan hatte, und fuhr umher. Ich fühlte mich wie neugeboren. Die Welt war plötzlich so unglaublich schön. Ich betrachtete alles mit ganz anderen Augen. Aber mit welchen? Was genau hatte meinen Blick so »verstellt«? Denn alles, was ich nun sah, alles, was ich tat und berührte, alles, was geschah, erfüllte mich mit tiefer Glückseligkeit. Ich stand in wundervollem Einklang mit mir. Ich konnte Dinge tun oder sie unterlassen. Es änderte nichts an meinem Zustand. Genau genommen gab es nichts, was ich hätte tun müssen. Ich hatte doch bereits alles. Ich war bereits glücklich. Aus tiefstem Herzen. Gegen dieses Gefühl verblasste alles andere. Ich war so erfüllt von meinem neuen Wesenszustand, dass alles, was geschah, einfach in wundervoller Ordnung war. Und seltsamerweise konnte, was auch immer von außen auf mich einströmte, nichts an meinem Glücksgefühl ändern.

Schon nach wenigen Tagen fiel meiner Umgebung auf, wie glücklich ich war. Leute kamen auf mich zu und fragten mich, wie ich es geschafft hätte, so etwas Wundervolles, Zufriedenes, Glückliches auszustrahlen. Sie wollten wissen, wie auch sie es schaffen könnten. Damals hatte ich noch keine Antworten. Ich selbst wusste ja nicht genau, was mit mir geschehen war. Aber was immer es auch gewesen war, es war etwas zutiefst Bedeutsames.

Erst später begann ich durch wundervolle spirituelle Lehrer, die das Schicksal mir zur Seite stellte, das Außergewöhnliche zu begreifen. Durch die vollkommene

Niederlage in meinem Leben, durch das Aufgeben jeglichen Widerstands, durch das Zulassen von reiner Hingabe hatte ich eine Welt jenseits von Angst und Zweifel betreten, wo das Ego nicht mehr behindernd eingreifen konnte.

Durch die vollkommene Hoffnungslosigkeit meiner Lage, durch die vollständige Zerstörung des Egos gab es nichts mehr, mit dem »ich« mich identifizieren wollte oder konnte. Der Verstand hatte einfach aufgehört, mich mit Neid, Eifersucht, falschen Hoffnungen oder anderen Dingen zu beschäftigen. Nachdem alles, woran ich bisher mein »Ich« zu erkennen glaubte, zusammengebrochen war, hatte ich einfach aufgehört, mich mit der Angst und dem Unglück zu identifizieren und damit auch mit meinem »Selbst«. All die Einbildungen meines Verstandes hatten in diesem einen Augenblick keine Kraft mehr gehabt. Es gab nur noch völlige Aufgabe. Es gab nur noch reines Bewusstsein.

DORT, WO REINES BEWUSSTSEIN HERRSCHT, GIBT ES NUR NOCH EINES. ALLUMFASSENDE LIEBE.

Ich befand mich plötzlich im außergewöhnlichen Zustand der Liebe. Das, wonach sich alle sehnen, war mit mir geschehen. Es war einfach passiert. Ohne dass ich es bewusst gesucht hätte. Ich war in einem Zustand von solcher Glückseligkeit, dass jede andere Erfahrung meines bisherigen Lebens dagegen klein und nichtig erschien. Ich sah die Welt mit den Augen der Liebe. Mit der puren reinen Kraft der Liebe.

Dieser Zustand hat sich bis heute nicht mehr grundlegend geändert. Er hat vielleicht in seiner Intensität nachgelassen, vielleicht, weil ich mich daran gewöhnt habe und er inzwischen nichts mehr Außergewöhnliches in meinem Leben darstellt. Aber es ist mir stets möglich, dieses Gefühl wieder vollständig in mir wachzurufen und mich von ihm durchfluten zu lassen.
Natürlich gibt es Phasen in meinem Leben, in denen ich dieses Gefühl weniger deutlich spüre. Wenn ich zum Beispiel wütend bin oder ungeduldig, aber auch dann ist es stets bei mir, wenn auch manchmal nur leiser. Also auch in den Momenten, in denen es in meinem Leben nicht so zu fließen scheint, ist Glück mein natürlicher Zustand. Es ist ganz einfach ein Teil von mir.

Und dann gibt es Zeiten, da bin ich so stark mit meiner Urkraft verbunden, dass es auch anderen auffällt und sie durch mein Vertrauen in mich selbst ebenfalls Vertrauen zu sich selbst gewinnen. In diesen Momenten versteht jeder, wovon ich rede.

MIT DEN AUGEN DER LIEBE SIEHT MAN DAS LEBEN LEICHTER, HEITERER UND ERFÜLLTER.

Und genau davon handelt dieses Buch. Es ist so einfach, zu lieben und geliebt zu werden, wenn man es erst einmal erkannt hat; das wahre Wesen der Liebe.
Es ist bereits in uns. In jedem von uns. Wir müssen nichts tun. Wir müssen es weder suchen noch finden. Wir müssen es einfach nur geschehen lassen.

Erinnere dich

*Das wahre Wesen der Liebe
können wir erst dann erfassen,
wenn wir sie in ihrer ganzen Macht
erfahren haben.
Und sei es auch nur ein einziges Mal.*

Als Kind waren wir zu tiefer allumfassender Liebe fähig. Wir haben sie ohne Einschränkung gezeigt. Ohne Scham oder Verlegenheit. Wir brauchten nichts weiter, um glücklich zu sein.
Heute ist unsere Liebe oft an eine Reihe von Bedingungen geknüpft. Es gibt Regeln und Vorschriften, Tabus und ganz bestimmte Erwartungen, die wir glauben einhalten zu müssen, um an das wundervolle Erlebnis von grenzenloser Liebe zu kommen.
Was ist auf dem langen Weg vom Kind zum heutigen Erwachsenen mit unserer Liebesfähigkeit passiert?

LIEBE IST FÜR UNS IMMER NUR DAS,
WAS WIR BISHER ALS LIEBE ERFAHREN HABEN.

Als wir Kinder waren, haben wir ziemlich schnell erfahren müssen, dass der natürliche Zustand von Liebe nicht in Ordnung war. Wir wurden nur dann liebevoll behandelt, wenn wir uns so verhielten, wie es sich die Erwachsenen wünschten. Liebe war meist etwas, das man nur als Belohnung bekam. Um Liebe zu erhalten, mussten wir also etwas tun. Wenn wir nichts taten, galten wir schlichtweg als nicht liebenswert. Auf diese Weise lernten wir ziemlich rasch, dass Liebe etwas ist, das man sich verdienen muss. Mit diesem Bewusstsein sind wir aufgewachsen. Tag für Tag, Jahr für Jahr. Immer und immer wieder wurde uns dieses Verhalten als richtig vorgelebt, bis es uns regelrecht in Fleisch und Blut übergegangen ist.

Man kann tausende von Seiten lesen, Lexika wälzen oder Abhandlungen lesen, die Liebe wird für uns immer nur das sein, was in unserem persönlichen Erfahrungsschatz zu finden ist.
Wenn in unserer Kindheit die Liebe manipulativ eingesetzt wurde, ist es für uns als Erwachsene ziemlich schwer, auf völlig ungezwungene Weise mit der Liebe umzugehen. Die Liebe, die wir erfahren, ist dann zwangsläufig an Bedingungen geknüpft, weil wir es nicht anders kennen. Für viele besteht die Liebe deshalb inzwischen hauptsächlich aus Verletzungen, Verrat, verlorener Hingabe oder totaler Verweigerung. Wir leben eben immer nur das nach, was uns vorgelebt wurde.
Und so sind wir auch heute noch bereit, Dinge zu tun, die wir eigentlich gar nicht tun wollen. Oder wir verleugnen unsere wahre Natur, um endlich in den Genuss von Liebe zu kommen.
All dies hat aber nichts mit Liebe zu tun. Wir nennen es nur so, weil wir glauben, mit diesem Etikettenschwin-

del endlich ans begehrte Ziel zu kommen. Wir haben eben keine andere Erfahrung, auf die wir zurückgreifen könnten.

Dieses Buch kann dir helfen, »neue«, andere Erfahrungen zu machen, auch wenn sie in Wahrheit gar nicht so neu sind, denn alles, was ich hier schreibe, kennst du bereits. Es war einmal dein Urzustand. Du hast es nur vergessen, so wie ich es auch vergessen hatte. Wahrscheinlich hast du diesen Urzustand durch die vielen Verletzungen und Zurückweisungen mit der Zeit einfach immer mehr in dir vergraben, bis er gänzlich vom Alltagsleben zugeschüttet wurde. Du kannst diesen Urzustand aber wieder ausgraben, denn er befindet sich noch immer in deinem Erfahrungsschatz.

Aber wie gräbt man ihn wieder aus?
Indem man sich an ihn erinnert. Nichts anderes bewirkt dieses Buch. Jedes einzelne Kapitel kann dich an etwas erinnern.
Lesen an sich ist schon ein heilsamer Akt, weil wir offen und vorbehaltlos in andere Welten eintauchen, die uns im Alltag nicht zur Verfügung stehen. Beim Lesen kommt man mit sich selbst in Berührung. Man kommt sich näher. Und je näher man sich kommt, desto näher kommt man wieder der ursprünglichen Liebe, die man tief in sich vergraben hat.

Einiges in diesem Buch wird möglicherweise an dir vorbeirauschen und nichts in dir auslösen, anderes wird dich wundern oder dir fremd vorkommen, vieles aber wird dich – vielleicht – tief berühren. Und genau dort

liegt deine Erinnerung. Deswegen sei es dir überlassen, ob du dich einzelnen Kapiteln widmest oder das Buch von vorn bis hinten durchliest oder immer wieder demselben Kapitel deine Beachtung schenkst.
Schlage einfach eine Seite auf und spüre, wie du dich beim Lesen fühlst. Wenn du dich auf den Text einlässt, lässt du dich auf dich selbst ein. Du beginnst dich zu erinnern.

Liebe ist dein natürlicher Zustand.

Neue Wege beschreiten

Es sind oft die kleinen Schritte,
die unser ganzes Wesen verändern.

In diesem Buch werde ich dich manchmal bitten, bestimmte Dinge zu tun, die dein Verstand vielleicht als lächerlich abtut, weil sie ihm banal oder albern vorkommen.
Dies ist kein Wunder, denn vieles, was für den Verstand neu ist, wird von ihm als nicht brauchbar abgelehnt. Dies macht er auf sehr geschickte Weise, indem er diese Dinge entweder milde belächelt, sie als Unsinn abwertet oder dich glauben lässt, du hättest so etwas doch gar nicht nötig. Dabei urteilt er aufgrund seiner bisherigen Erfahrung. Auf etwas anderes kann er nämlich nicht zurückgreifen.

Wollen wir jedoch alte Wege verlassen und Neues in unser Leben einlassen, werden wir unseren Verstand ab und zu überzeugen müssen, indem wir ihn mit seinen eigenen Mitteln schlagen, also ihm neue Erfahrungen geben. Dadurch lernt der Verstand am schnellsten. Denn neue positive Erfahrungen machen ihn stutzig. Da gibt es scheinbar etwas, das er nicht kennt, was aber dennoch gut zu funktionieren scheint. Und schon passt er sich dem Neuen an und baut sich ein neues Konzept. Und da der Verstand gern Recht behält, wird er das

neue Konzept bald als eigene Idee ausgeben und dich davon überzeugen wollen.
Und genau an diesen Punkt wollen wir kommen. Denn ...

... BISHER KENNT DEIN VERSTAND DIE LIEBE NUR ALS ILLUSION.

I
DIE ILLUSION
DER LIEBE ERKENNEN

*Wir haben eine ganz bestimmte Auffassung
von der Liebe.
Und weil diese Auffassung so falsch ist,
sind wir ständig auf der Suche nach der Liebe,
ohne ihr jemals nahe zu kommen.*

*Erst wenn wir das wahre Wesen der Liebe erkennen,
können wir sie in unser Leben einladen.*

Ich liebe dich, weil ...

*Aus Millionen Gründen
bin ich dir verbunden
und hab mich ganz
in dir gefunden.*

Wenn wir mit der Frage konfrontiert werden, warum wir einen anderen Menschen lieben, fällt uns meist ziemlich spontan eine ganze Reihe von Wesensmerkmalen und Charakterzügen ein, die unseren Partner für uns so liebenswert machen.

Doch obwohl wir scheinbar über unseren Partner sprechen, offenbaren wir in Wirklichkeit wesentlich mehr über uns selbst. Denn bei der Beantwortung dieser Frage zeigen wir ziemlich deutlich, welche ganz konkrete Vorstellung wir von der Liebe haben und welche Erwartungen wir an sie stellen.

Und weil alles, was wir im Verlauf des Buches noch besprechen werden, von dir immer nur nach deinen ganz persönlichen Gesichtspunkten beurteilt wird, sollten wir am besten gleich zu Beginn herausfinden, was genau die Liebe *für dich* ist.

Woran erkennst du, dass es sich für dich um Liebe handelt?

Um der Antwort nahe zu kommen, gibt es ein ziemlich einfaches Mittel. Schreib einmal auf, warum du deinen Partner liebst. Alles, was dir dazu in den Sinn kommt.

Wenn du dazu mehrere Zettel brauchst, umso besser. Aber mach es ganz spontan und schnell, ohne lang nachzudenken.

Ich liebe dich, weil du mich zum Lachen bringst.
Ich liebe dich, weil ich mich bei dir so geborgen fühle.
Ich liebe dich, weil du so zärtlich bist.
Ich liebe dich, weil ich dir vertrauen kann.
Ich liebe dich, weil ...

Zähle alle Gründe auf, warum du dich so glücklich schätzt, dass dein Partner bei dir ist. Lass einfach alles, was dich an deinem Partner erfreut, in dein Bewusstsein fließen. Je mehr dir einfällt, desto besser. Hauptsache, du machst es, und die Liste wird lang. Und schreibe auch Dinge auf, die andere nicht wissen sollen, weil sie zu intim, zu frivol, zu peinlich und zu verboten sind und du dich dafür vielleicht schämen würdest. Dies hat sehr oft etwas mit Sex zu tun, aber schreibe sie trotzdem auf und bedenke, dass diese Liste schließlich nur für dich bestimmt ist.
Blättere nicht um. Bring dich nicht selbst um eine Erkenntnis, die du nicht haben kannst, wenn du einfach weiterliest. Wenn nötig, hole dir noch weitere Zettel und schreibe alles auf, was dir in den Sinn kommt. Und gehe erst dann zur nächsten Seite weiter.

Ich liebe dich, weil ...
Ich liebe dich, weil ...
Ich liebe dich, weil ...
Ich liebe dich, weil ...
Ich liebe dich, weil ...

Wenn du deine Liste erstellt hast, dann kennst du jetzt wahrscheinlich alle guten Gründe, warum du deinen Partner liebst. Mit Sicherheit gibt dir diese Liste ein angenehmes Gefühl. Das ist nicht weiter verwunderlich, denn wenn man die Dinge in seiner Beziehung betrachtet, die näher zusammenführen, fühlt man die Kraft und die Stärke und die Liebe zu seinem Partner oder seiner Partnerin.

Doch nun stellen sich die folgenden Fragen: Hat dieses wunderbare Gefühl wirklich etwas mit Liebe zu tun? Oder handelt es sich um etwas ganz anderes?
Beim genauen Betrachten unserer Liste erkennen wir nämlich ziemlich rasch, dass wir unsere Liebe nach ganz bestimmten Kriterien beurteilen. Und die haben, auch wenn es zunächst völlig anders aussieht, überhaupt nichts mit unserem Partner oder unserer Liebe zu ihm zu tun. Sie mögen vielleicht gute Gründe sein, bei unserem Partner zu bleiben, oder uns ein Gefühl von Nähe und Geborgenheit geben; vielleicht fühlen wir uns dadurch auch angenommen und wahrhaftig, aber sie sagen nichts über unseren Partner oder gar über die Liebe zu ihm aus. Jeder einzelne Grund zeigt einzig und allein den eigenen Mangel, von dem man erwartet, dass ihn jemand für uns ausgleicht. Und dafür eignet sich natürlich niemand besser als unser Partner.

Nehmen wir zum Beispiel den Satz: »Ich liebe dich, weil du so gut aussiehst.«
Dieser hat meist eine weitaus tiefere Bedeutung und besagt in Wahrheit: »Ich liebe dich, weil alle anderen

dich ebenfalls attraktiv findest und ich mich dadurch als Gewinner fühle.«

Ich liebe dich, weil du so wohlhabend bist *und dadurch meine Wertlosigkeit ausgleichst.*

Ich liebe dich, weil du mir ein Gefühl von Zuhause gibst, *das ich nie besessen habe.*

Ich liebe dich, weil du mich genauso schlecht behandelst *wie mein Vater und ich mich nur dort geborgen fühle.*

Ich liebe dich, weil du so gut kochen kannst *wie meine Mutter* oder ebenso unfähig bist, Nähe zuzulassen *wie meine Eltern.*

Ich liebe dich, weil ich das Gefühl von Betrogensein brauche, das ich seit *meiner Kindheit kenne.*

Wir lieben, weil ... uns etwas fehlt.

Das Fehlende wollen wir von unserem Partner bekommen. Er soll sich also so verhalten, wie es unseren bewussten und unbewussten Erwartungen entspricht.

Wir lieben, weil unser Partner so anders ist als unsere vergangenen Partner *und unsere Verletzungen ausgleichen soll.* Wir lieben, weil er uns an unsere Ablehnung unseres Vaters erinnert. Wir lieben, weil wir *ein ähnliches Gefühl an Nähe oder Distanz wie zu unserem Vater oder Mutter erfahren.*

Oder weil unser Partner so kreativ, lebensfroh oder erfolgreich ist, *wie wir nie waren.* Wir lieben ihn, weil er all das zu besitzen scheint, was uns fehlt.

Genau genommen können wir nicht erkennen, wer

unser Partner wirklich ist. Wir sehen nur unsere Defizite, die ausgeglichen werden müssen. Wir wollen ein Programm durchspielen, das uns entweder bereits vertraut ist oder ganz einfach unseren Erwartungen entspricht.

»Ich liebe dich, weil ...« hat in erster Linie also mit uns selbst zu tun. Nicht umsonst fängt der Satz eben mit »Ich« an. »Ich liebe dich, weil ...« entstammt in Wahrheit unserer Vergangenheit. Es sind meist Programmierungen und Verhaltensmuster, die wir lange vor unserem jetzigen Partner entwickelt haben und nun bedingungslos einfordern.

Beim Kennenlernen reagieren wir also auf den Menschen mit dem Gefühl von »Liebe«, von dem wir intuitiv glauben, dass er die meisten unserer Bedürfnisse befriedigen könnte.

Sollte unser Partner aber dann eines von diesen Dingen unterlassen oder gar vergessen, fällt uns sofort das Ausbleiben der »Lieferung« auf, und wir fühlen uns von ihm weniger »geliebt«. Genau darin liegt allerdings das Fatale.

> WAS WIR ANFANGS AN UNSEREM PARTNER
> »LIEBEN«, WIRD UNS SPÄTER ZUM VERHÄNGNIS.

All die Gründe, all die Eigenschaften, wegen derer wir uns gerade in diese eine ganz bestimmte Person verliebt haben, führen uns tatsächlich früher oder später in tiefstes Unglück. Nämlich dann, wenn wir die »gelieb-

ten« Eigenschaften nicht mehr bekommen oder all die ersehnten Hoffnungen sich nicht erfüllen.
Dabei wissen wir eigentlich schon zu Beginn unserer Partnerschaft, dass diese Erwartungen irgendwann nicht mehr erfüllt werden. Schließlich sehen wir den »normalen« Verlauf von Beziehungen jeden Tag bei unseren Freunden und Bekannten. Und wenn wir wirklich ehrlich sind, haben wir diese schmerzhafte Erfahrung wahrscheinlich schon selbst oft genug am eigenen Leib erfahren. Obwohl wir also eigentlich die Wahrheit kennen, glauben wir trotzdem jedes Mal wieder, wir wären die Einzigen auf dieser großen weiten Welt, denen es diesmal nicht passieren würde.

Und so »verlieben« sich Frauen immer wieder aus den banalsten Gründen: Weil er so stark ist, weil er endlich die ersehnte Sicherheit verspricht, der Vater der Kinder sein kann, im Bett so wunderbar ist, weil er so humorvoll oder so anders als der eigene Vater ist, oder in alle Ewigkeit treu, oder alle Freundinnen ihn so aufregend finden, oder, oder ...
Männer verlieben sich, weil sie so sexy ist, so aufregend, so süß, so hübsch, so hingebungsvoll im Bett, so ein wundervolles Lächeln besitzt oder einfach, weil sie so einen knackigen Po hat und schließlich alle anderen Typen auf sie scharf sind.
Aber der Po wird sich verändern. Der Sex wird sich verändern. Auch das Lächeln wird bald nachlassen, und die anderen Typen finden ziemlich bald eine andere scharf.
Und genau dann ist der Zeitpunkt gekommen, an dem die Beziehungsprobleme beginnen. Erstaunlicherweise

sagen wir dann auch: »Mein Partner gibt mir nicht mehr, was ich brauche.«
Wobei sich diese Aussage eigentlich nur an uns richten sollte, weil sie unseren Mangel definiert. Stattdessen wird dieser Satz als klarer Vorwurf und Schuldzuweisung an unseren Partner gerichtet und gilt als ernste Warnung und »gewichtiger« Grund, den Partner verlassen zu dürfen, sollte die Lieferung nicht bald wieder eintreffen.

Generell ist nichts dagegen einzuwenden, dass wir uns vom Partner alles wünschen, was wir brauchen. In gewisser Weise ist Zusammenleben immer auch ein Handel mit vielen Kompromissen. Eine Beziehung, die auf vielen Vereinbarungen basiert, kann durchaus glücklich verlaufen. Aber eben nur so lange, bis eines der gewünschten Dinge ausbleibt. Dann wird nicht nur die »Liebe«, sondern die ganze Beziehung in Frage gestellt. Hält der Zustand der »Lieferengpässe« eine Weile an, wird meist ziemlich rasch über einen Partnerwechsel nachgedacht. Man fühlt sich schließlich nicht mehr geliebt. Dabei ist es nie Liebe gewesen. Das ist der einzige große, gigantische Irrtum.

> WIR VERLIEBEN UNS NICHT, WEIL WIR LIEBEN,
> SONDERN WEIL WIR ETWAS BEKOMMEN,
> DAS WIR DRINGEND BRAUCHEN.

Und das ist auch gut so. Denn sich zu verlieben und mit einem Partner zusammenzuziehen ist das Beste, was wir machen können, auch wenn wir in der Partnerwahl hauptsächlich von unseren Mängeln geleitet und angezogen werden. Die Partnerschaft ist nämlich die schnellste und intensivste Möglichkeit, mit den eigenen Schattenseiten in Kontakt zu treten, sie genauer kennen zu lernen und sie schließlich zu heilen.

Die Illusion, die wir von der Liebe haben, hilft uns also tatsächlich, sich auf dem schnellsten Weg der Liebe zu nähern. Je schneller man dabei anerkennt, dass alles, was einen in der Partnerschaft stört, alles, was man nicht länger auszuhalten glaubt, alles, was einem verweigert wird, in erster Linie zu einem selbst gehört und in Wahrheit nichts mit Liebe zu tun hat, desto schneller nähern wir uns der tatsächlichen Liebe, weil wir die »falsche« Illusion von der Liebe verlieren und nicht länger einem Hirngespinst nachlaufen.

Was immer ich von meinem Partner erwarte, zeigt nur meinen Mangel. Es ist *mein* Mangel. Und die einzige Verpflichtung, die mein Partner hat, ist die, mich an meinen Mangel zu erinnern, damit ich an mir arbeiten kann.

Die größte Arbeit in der Partnerschaft ist wohl zu erkennen, dass man selbst Urheber seines Unglücks ist. Und dass man sich auf der Suche nach »Liebe« wie ein Suchtkranker verhält.

Man kann nicht lieben, was man braucht

Wir lieben, weil wir einen Grund dazu haben.

Wenn wir verliebt sind, fühlen wir uns lebendig und kraftvoll wie nie zuvor. Alles im Leben ergibt wieder einen wunderbaren Sinn. Es gibt jemanden, der uns braucht und der uns all das gibt, was wir bisher vermisst haben. Im Zusammensein mit der geliebten Person fühlen wir uns endlich vollständig und sind frei vom Zustand des Mangels, der Einsamkeit und dem Gefühl, unvollkommen zu sein. In diesem Moment verblasst alles andere auf der Welt.

Aber: »Wir sind verliebt, weil …« Und dieses »weil« ist verbunden mit unserer Bedürftigkeit. Unser wundervolles Gefühl hat also enorm viel mit der Erlösung unserer Bedürftigkeit zu tun. Genau genommen werden wir abhängig von der »geliebten« Person. Sie wirkt auf uns wie eine Droge. Solange wir sie bekommen, ist alles wunderbar. Aber allein die vage Möglichkeit, dass die »geliebte« Person irgendwann nicht mehr für uns da sein könnte, stürzt uns in tiefe Verzweiflung.

Genau genommen lieben wir nicht, sondern wir sind nur süchtig nach unseren Lieferanten. Wir können nämlich gar nicht lieben, solange wir noch immer von unseren Bedürfnissen abhängig sind.

MAN KANN NICHT LIEBEN, WAS MAN BRAUCHT.

Weil man auf diese Weise keine Entscheidungsmöglichkeit mehr hat. Wenn wir nicht entscheiden können, etwas nicht zu lieben, können wir auch nicht entscheiden, etwas zu lieben.
Wir alle müssen zum Beispiel atmen. Wir können nicht entscheiden, ob wir atmen wollen oder nicht. Wir können uns darüber eine Meinung bilden, aber wir können es niemals lieben. Wir brauchen es. Wir sind abhängig davon. Wir können uns nicht davon trennen und uns etwas anderem zuwenden. Wir müssen atmen. Wir sind also nicht frei zu entscheiden, ob wir atmen oder nicht. Aber dann sind wir auch nicht frei zu entscheiden, es zu lieben.

Der Verstand ist aber raffiniert und versucht, seinen Mangel gut zu tarnen. Vielleicht stehen auf deiner Liste daher auch Dinge, die dich schon wesentlich unabhängiger erscheinen lassen.

Ich liebe dich, weil du mich selbstständig sein lässt.
Ich liebe dich, weil du mir völlige Freiheiten lässt.
Ich liebe dich, weil du an meine Fähigkeiten glaubst.
Ich liebe dich, weil du mir bedingungslos vertraust.

Das klingt in der Tat schon wesentlich erwachsener. Aber es sind immer noch Formen der Abhängigkeit. Es ist immer noch unser Partner, der uns dies alles gibt. Selbstwertgefühl, Vertrauen, Selbstständigkeit, Sicherheit, Freiheit, Kraft, etc.

Erst wenn man schreiben möchte: »Ich liebe dich, weil …«, und einem kein Grund einfällt, den man von seinem Partner erwartet oder einfordert und man trotzdem erfüllt von der gemeinsamen Liebe ist, befindet man sich im Zustand von wahrhaft tiefer Liebe.

Je unabhängiger man also vom Partner wird, desto reiner wird die Liebe, die man geben und empfangen kann. Je unabhängiger man vom Partner wird, desto glücklicher und liebevoller wird man sein. Man kann geben und empfangen, ohne zu erwarten.

Auch in meinem Leben gibt es viele »Weils«. Dies ist in jeder Partnerschaft so. Aber wenn wir erkennen, dass es sich hier nicht um Liebe, sondern nur um die eigene Bedürftigkeit handelt, hat man die große Möglichkeit, gemeinsam durch die Partnerschaft zu reifen. Noch immer fordern wir ein, weinen oder werden wütend, noch immer jammern und klagen wir, aber wir erkennen jetzt den kindlichen Charakter daran. Und genau dies ist der Moment, an dem sich unser Leben grundlegend verändern könnte.

> ERKENNEN WIR DEN KINDLICHEN CHARAKTER
> AN UNSEREN FORDERUNGEN, KÖNNEN WIR ENDLICH
> ERWACHSEN DAMIT UMGEHEN.

Beide Partner haben nun die Chance, wenn einer von beiden wieder einmal seine Bedürfnisse lauthals einklagen will, mit ihm oder ihr liebevoll wie mit einem traurigen oder trotzigen Kind umzugehen. Der Partner muss nicht länger ebenso aufbrausend reagieren, vehement abwehren oder sich angegriffen fühlen, sondern kann sich voller Liebe und Wärme diesem zurückgelassenen Kind widmen. Denn hinter jeder Forderung steht der Mangel an Liebe aus unserer Kindheit, der noch immer so schmerzt.

In Wahrheit stehen sich oft
zwei verletzte Kinder gegenüber.

Die Worte »Ich liebe dich« können also alles Mögliche bedeuten, aber nur selten haben sie wirklich etwas mit Liebe zu tun.
Wenn wir dies erkennen, kommen wir der Liebe bereits sehr nahe, denn von nun an laufen wir nicht mehr einer Illusion nach, die sich niemals als Liebe zu erkennen geben wird.
Wahre Liebe kann nur dann entstehen, wenn alle Abhängigkeiten, Bindungen und persönlichen Interessen in den Hintergrund treten.

Liebe entsteht nur in absoluter Freiheit.

Diese Freiheit muss erst in uns selbst fließen. Und das kann sie nur, wenn wir uns dafür zu öffnen beginnen.

II
SICH DER LIEBE ÖFFNEN

*Wir brauchen die Liebe nicht zu suchen.
Die Suche verhindert nur das Finden.*

*Es gilt einzig und allein,
sich durchlässig für die Liebe zu machen,
sich auf die gleiche Frequenz von Liebe zu heben.*

Dann findet die Liebe uns, weil wir bereits Liebe sind.

Trauer – Aufbruch in ein neues Leben

*Eine Liebe, die durch Tränen gereinigt ist,
steht auf ziemlich sicherem Fundament.*

Wir haben es sicherlich nicht immer einfach gehabt. Manchmal war es sogar richtig schwer. Im Laufe unseres Lebens hat jeder von uns zwangsläufig so einiges an Verletzungen erfahren müssen. So manche Ecken und Kanten wurden abgeschliffen, heimliche Hoffnungen für immer begraben und vieles trotz aller Sehnsucht nie wieder angefasst. Und weil die meisten dieser Lebenswunden schmerzten, haben wir sie so schnell wie möglich zu vergessen versucht. An vieles erinnern wir uns deswegen vielleicht schon gar nicht mehr. An die vielen Niederlagen in unserer Jugend zum Beispiel, die ewigen Streitereien in der Familie, das Verlassen des Elternhauses oder vielleicht sogar den Tod eines geliebten Menschen. Meist erinnern wir uns auch nicht mehr an das schmerzvolle Scheitern der ersten großen Liebe oder das bittere Ende von mancher Beziehung.

TROTZDEM WAR ALL DAS TEIL UNSERES LEBENS
UND HAT UNS ZU DEM GEMACHT, WAS WIR HEUTE SIND.

Wir mussten Ungerechtigkeiten hinnehmen, berufliche Rückschläge einstecken oder Benachteiligungen und Zurückweisungen ertragen. Wir mussten Hoffnungen und Träume loslassen, weil sie sich nicht erfüllten.
All das hat Spuren hinterlassen. Unsichtbare Spuren. Dennoch wiegen sie noch immer schwer und sind Teil unseres täglichen Lebens. Weil wir sie nie wirklich losgelassen haben.
Es gibt nämlich nur ein einziges Mittel, Vergangenes für immer zu beenden. Aber dieses Mittel mögen wir nicht sonderlich. Dieses Mittel heißt Trauer.

Trauer hilft uns, Dinge loszulassen,
die nicht mehr in unserem Leben sind.

Normalerweise versuchen wir, unsere Trauer anderen nicht zu zeigen, denn Trauer wird oft mit Schwäche gleichgesetzt. Wir glauben dann, vor anderen als Verlierer dazustehen. Dabei beweisen wir gerade durch die Fähigkeit zu trauern unsere Stärke. Wir stellen uns dem Unvermeidlichen und versuchen, es in unser Leben zu integrieren.

Trauer bedeutet auch,
die eigene Machtlosigkeit anzuerkennen.

Aber wer will schon zugeben, dass er machtlos ist oder irgendwann einmal war? Vor allem, weil von uns fast immer erwartet wird, dass wir gefasst und geradezu gleichgültig mit genau den Dingen umgehen, die oft tiefstes Leid in uns auslösen. Wenn wir zeigen, wie gleichmütig wir mit Verlust umgehen können, wie wenig er uns anscheinend aus der Bahn wirft, dann meinen andere, dass wir *gut* klarkommen. Ein Satz wie: »Er ist sehr gefasst«, wird als Kompliment gewertet. Je weniger wir in Tränen ausbrechen, je weniger wir fassungslos vor dem Unfassbaren stehen, desto erwachsener scheinen wir zu sein. Genau aus diesem Grund unterdrücken wir meist unsere wahren Gefühle. Wir wollen nicht als schwach gelten. Aber genau dies ist der Grund, warum wir unsere »wahren Gefühle« auch dann nicht mehr zur Verfügung haben, wenn wir sie doch so gern wiederhätten. Wir wollen nicht als schwach gelten und schwächen uns auf diese Weise erst recht.

Unterdrückte Trauergefühle liegen wie ein Zementblock auf unserer Seele.

Sie lassen uns nicht frei leben. Wenn wir unsere Trauer nicht durchlebt haben, verharren wir in alten, längst vergangenen Situationen und können von bestimmten Menschen und Gedanken nicht ablassen. Wir bleiben emotional verhaftet, und das, obwohl diese Dinge oder Menschen schon lange nicht mehr in unserem Leben sind. Meist geschieht dies völlig unbewusst und zwingt uns dann zu einem Verhalten, das wir eigentlich gar nicht mögen.

So können wir uns zum Beispiel der Liebe nicht mehr öffnen, weil das wichtigste – unbewusste – Ziel noch immer ist, die Schmerzen von damals nicht mehr zu erleben. Alles, was uns in die Nähe dieser Schmerzen bringen könnte, wird intuitiv gemieden. Wir lassen andere einfach nicht mehr nah genug an uns heran. Wir haben unbewusst Angst, dass, wenn wir uns wieder einlassen würden, wir wieder die gleichen, negativen Gefühle erfahren könnten. Und um diese Gefühle nicht mehr hochkommen zu lassen, setzen wir oft einen emotionalen Filter ein, der verhindert, dass wir für andere etwas empfinden. Erstarrte Trauer ist also meist die Ursache, weshalb andere Gefühle in uns ebenfalls erstarren.

Wir vermissen die Liebe
und verhindern sie gleichzeitig.

Mangelnde Trauerarbeit kann sich zum Beispiel auch in massiven Schuldgefühlen äußern.
Als meine erste Ehe auseinander brach, hatte ich solche Schuldgefühle, dass ich lange Zeit glaubte, es stünde mir nicht zu, glücklich zu sein oder gar Spaß am Sex mit einer anderen Frau zu haben. Immer wenn es mit meiner neuen Partnerin so richtig schön wurde, dachte ich an das Leid meiner Exfrau und gestand mir deshalb ebenfalls keine Freude zu.
Auf diese Weise habe ich meiner damaligen Partnerin und mir überhaupt keine Chance gegeben. Ohne es zu wissen, habe ich viele Gefühle, die zwei Liebende

zusammenschweißen, einfach nicht zugelassen. Kein Wunder, dass diese Beziehung nach einiger Zeit ebenfalls auseinander brach. Wobei ich die Schuld damals natürlich nicht bei mir suchte.

Tatsache aber war, dass ich den selbst verschuldeten Fehlschlag meiner ersten Ehe nicht wirklich betrauert, nicht wirklich losgelassen hatte. Daher hatte ich ständig ein schlechtes Gewissen, weil ich es mir so gut gehen ließ. Ich war nicht frei für die Liebe, obwohl ich sie so sehnlich gesucht habe.

Erst wenn wir allen Schmerz und alle Trauer wirklich zulassen, können wir im eigenen Wachstum voranschreiten. Erst dann akzeptieren wir, dass das Leben ständig Wandlungen erfährt. Und Wandlung bedeutet gegebenenfalls auch Trennung von geliebten Menschen, selbst wenn wir ihnen dadurch Leid zufügen.

Den Prozess der Trauer kann man nicht abkürzen oder verleugnen oder mit einem neuen Partner überspielen. Im Gegenteil, wenn wir der Trauer nicht genügend Raum geben, uns nicht von Vergangenem verabschieden, haben wir auch nicht genügend Räume zur Verfügung, um Neues in unser Leben zu lassen. Unsere emotionalen Räume sind dann noch gefüllt mit alten, längst vergangenen Dingen, die immer wieder verhindern, dass wir uns für Neues öffnen. Und somit treten wir emotional auf der Stelle, obwohl die Umstände sich bereits völlig gewandelt haben.

TRAUER WIRKT WIE EINE SEELISCHE LÄUTERUNG.

Trauern bedeutet also nichts anderes, als die verdrängten Gefühle des Verlassenwerdens, der Schuld, der Wut oder des Verratenwerdens wieder hochkommen zu lassen und neu zu durchleben. Erst durch das bewusste Akzeptieren können wir uns dann von ihnen trennen. Jedes Beweinen, jedes Loslassen öffnet Räume. Es ist wie ein Öffnen von verschlossenen Türen. Wir lassen all die Dinge frei, die uns bisher an unserer Liebesfähigkeit gehindert haben. Durch Trauern gestehen wir uns selbst zu, wieder am Leben teilzunehmen.

Mit der Trauer hat es übrigens eine seltsame Bewandtnis. Manchmal kommen die Tränen erst nach Wochen oder Jahren, wenn sie also nach allgemeiner Ansicht nicht mehr passend erscheinen. Manchmal kann ein eher beiläufiges Wort, ein Geruch oder ein Gegenstand diese tiefe Trauer hervorholen. Manchmal ist es ein Lied, oder es sind Zeilen eines Gedichts, die mit einem Schlag alles wieder zurückholen. Obwohl es doch so lange vorbei ist, scheinbar so lange vergessen war, steht dieses Gefühl dennoch mit der gleichen Macht wie damals vor uns. Diese Momente sollten wir nutzen. Denn ...

... IN DER TRAUER
STECKT DIE HÖCHSTE FORM VON HEILUNG.

Als ich mich vor vielen Jahren für mehrere Monate komplett zurückgezogen hatte, um herauszufinden, wie ich es endlich schaffen könnte, die wahre große

Liebe in meinem Leben zuzulassen, habe ich in der Stille viele Antworten gefunden. Diese Antworten begann ich nun zu leben, auch wenn es nicht immer einfach für mich war. Dazu gehörte auch die Bereitschaft, alles loszulassen, was mich bisher daran gehindert hatte, eine wahre tiefe Liebesbeziehung zu führen.
Als nun Michaela, die große Liebe meines Lebens, in mein Leben trat, geschah etwas Seltsames. In ihren Armen ergriff mich eine unglaubliche Traurigkeit, und ich begann plötzlich zu weinen. Ich weinte mehrere Stunden lang wie ein kleines Kind, bis ich keine Kraft mehr zu haben schien. Michaela hatte die erstaunliche Geduld und das tiefe Wissen um Dinge, von denen ich damals noch zu wenig verstand. Sie hielt mich einfach nur im Arm und ließ meine Trauer zu. Ich weinte mehrere Tage lang. Es war, als würden Räume geöffnet, die ich bisher sorgsam verschlossen hatte und zu denen ich bis dahin keinen Zugriff gehabt zu haben schien. Alle ungeweinten Tränen, alle Gefühle, die ich unter normalen Umständen zu unterdrücken versuchte, schossen nach oben und lösten sich in Michaelas Armen.
Was für eine merkwürdige Sache für zwei Verliebte. Statt sich verträumt in die Augen zu schauen, statt leidenschaftlichen Sex zu haben, hielt Michaela einen weinenden Mann im Arm. Aber sie stellte keine Fragen, sie ließ es einfach geschehen.

Ohne zu wissen, was damals wirklich geschah, befreite ich mich von allem Vergangenen, indem ich endlich die längst fällige und so lang unterdrückte Trauerarbeit leistete. Und je mehr Trauer ich zuließ, desto mehr kam nach oben. Andere, tiefere Schichten öffneten sich. Es war, als gäbe es in mir eine höhere Instanz, die nun zuließ, dass ich mich endlich von vielen Dingen verabschiedete und mich frei für die neue Liebe machte.

Auf diese Weise ließen wir nicht nur mich zu, sondern erlebten uns beide in einer ungeahnten Tiefe. Michaelas Geduld und Kraft haben mich näher an sie herangeführt, als es der wundervollste Sex oder tausend Liebesschwüre jemals hätten schaffen können. Natürlich waren es auch Michaelas Geduld und tiefes Wissen um die Dinge, vor allem aber war es meine eigene Arbeit. Es war mein eigener Mut, es zuzulassen.

Normalerweise unterdrücken wir all die Gefühle. Denn beim Trauern kommen Dinge hoch, die wir an uns selbst nicht mögen. Wir knüpfen Kontakt zu unseren Schuldgefühlen, zu längst vergangenen Aggressionen und unserer Wut, wir spüren noch immer, wie sehr wir uns an einen Wunsch klammern oder noch immer versuchen, Kontrolle über eine Situation zu behalten.

Es gehört also viel Mut dazu, die Trauer, die in uns schlummert, zuzulassen. Ich hatte zu diesem Mut gefunden, weil ich nicht länger bereit war, mich mit meiner eigenen Unfähigkeit zu lieben abzufinden.

Das Weinen in Michaelas Armen war nichts anderes als tiefste Hingabe, als völliges Loslassen. Erst durch das Zulassen von all den Trauergefühlen konnte meine Transformation beginnen. Einzig und allein auf diese Weise habe ich mich für die Liebe wieder geöffnet.

GEMEINSAM ERLEBTE TRAUER
IST ETWAS SEHR INTIMES UND VERBINDENDES.

Dem eigenen Partner tief vergrabene Trauer zu zeigen und gemeinsam mit ihm zuzulassen ist eine Form von höchstem Vertrauen.
Eine Berührung, eine ausgestreckte Hand ist dabei manchmal die größte Hilfe. Oder einfach nur gehalten zu werden und sich aufgefangen und geborgen zu fühlen, verbunden mit dem Partner, den man liebt, während man sich bereitmacht für ein neues Leben.

Als der Bruder meines Vaters starb und ich meinem Vater bei den Formalitäten half, die Wohnung auflöste, das Grab aussuchte, gab es keine Worte für meinen Vater, das Unfassbare auszudrücken. Auch zwischen ihm und mir fielen nur wenige Worte, doch ich erinnere mich noch heute an einen Moment, weil er uns beide so tief berührte. Unsere Hände hatten sich – wie zufällig – gefunden. Für zwei erwachsene Männer ist das eine eher ungewöhnliche Sache. Ich hielt seine Hand, und er zog sie nicht zurück. Mein Vater ließ etwas zu, was jenseits seines Rollenverhaltens lag. Wir sprachen kein Wort und dennoch: Mehr an Verständnis und Trost hätte es in diesem Moment nicht geben können.
Eine Umarmung, ein Blick oder das Aushalten von wissendem Schweigen kann manchmal mehr bedeuten als tausend Worte. Diesen Augenblick der Nähe habe ich noch heute in meiner Erinnerung, denn ich fühlte mich mit meinem Vater so verbunden wie selten zuvor.

Trauer ist die Schatztruhe unserer Tiefen.

Wie aber finden wir zurück zu unserer Trauer, wenn wir sie doch so tief vergraben haben?

Nun, Trauer findet man meistens dort, wo starke Ablehnung herrscht. Also dort, wo es Hass gibt oder unterdrückte Wut, Anschuldigungen oder das Gefühl, nicht geliebt zu werden. Wenn wir zum Beispiel an die Menschen zurückdenken, die in uns starke Aggressionen ausgelöst haben oder denen wir uns gegenüber schuldig fühlen, kommen wir meistens sehr schnell an unsere Trauer.

Wenn man auch nach Jahren noch an dem Gedanken von Rache oder an der Forderung nach Wiedergutmachung festhält, überspielt man in Wahrheit die Trauer mit Wut. Meist waren das Momente, in denen wir ohnmächtig ausgeliefert waren. Wir waren also abhängig. Sehr oft lehnen wir die Menschen, von denen wir am stärksten abhängig waren, später am meisten ab.

Hören wir aber auf, die Schuld auf andere zu projizieren, und beginnen wir, in uns selbst hineinzuhören, wird unweigerlich Trauer in uns aufsteigen.

Lassen wir unsere Trauer zu, stehen uns auch wieder alle anderen Gefühle zur Verfügung, die wir mit unseren Freunden, unseren Eltern und vor allem mit unserem Partner teilen können. Trauer ist mitunter der schnellste und beste Weg, mit dem Partner ein neues Leben zu beginnen, denn sie hilft uns, das Vergangene zu akzeptieren, zu verarbeiten und im Leben voranzuschreiten. Wir lassen uns und unseren Partner in Gebiete unserer Seele ein, die bislang verschlossen waren.

Wenn man es schafft, die Trauer *gemeinsam* zuzulas-

sen, entsteht das, wonach wir uns alle so sehr sehnen. Tiefe, erfüllende Liebe.
Trauer ist die beste Vorbereitung, um wieder wahre Liebe erleben zu können.

> Ich beobachte jeden Verlust im Leben als das Abwerfen eines alten Kleides, um ein neues anzulegen. Und es ist das neue Gewand immer besser als das alte gewesen.
> *Hazrat Inayat Khan*

DEN KRITIKER IN UNS ZUM SCHWEIGEN BRINGEN

*Behandele dich so,
wie du von anderen behandelt werden möchtest.
Denn die Welt
folgt nur deinem vorgelebten Weg.*

Oft zieht die Liebe stillschweigend an uns vorbei, ohne für einen kurzen Augenblick zu verweilen oder uns gar die ersehnte Beachtung zu schenken. Während andere sich händchenhaltend im Kino aneinander kuscheln, in trauter Zweisamkeit Zärtlichkeiten austauschen und selig Pläne für eine gemeinsame Zukunft schmieden, fühlen wir uns oft allein gelassen und vom Schicksal benachteiligt und verstehen nicht, nach welchen Kriterien das Schicksal seine Auswahl trifft.

Wenn wir aber aufrichtig zu uns sind und tief in uns hineinschauen, werden wir rasch feststellen, dass wir eigentlich nichts anderes erwarten. Die meisten von uns halten sich nämlich nicht für liebenswert, also der Liebe wert. Sie glauben nicht, dass man sie einfach so lieben könnte, wie sie sind.

Meist gehen wir sogar noch einen Schritt weiter und fügen uns durch unsere Gedanken, Worte und Taten ständig selbst Schaden zu, weil wir nur einzelne Teile von uns akzeptieren. Wir gehen, genau genommen, sehr hartherzig mit uns um. Wir beschimpfen uns, wenn wir etwas falsch gemacht haben, wir verurteilen unsere ganze Art, wenn wir nicht das geschafft haben, was wir uns vorgenommen hatten. Wir überfordern uns, stellen oft viel zu hohe Ziele auf und gehen dann unbarmherzig mit uns ins Gericht, wenn wir die Ziele nicht erreichen.

Damit aber niemand merkt, wie »unmöglich« wir uns eigentlich empfinden, haben wir mit der Zeit verschiedene Rollen angenommen. Wir sind also in vielen Dingen des Lebens Schauspieler geworden und geben oft vor, jemand anderer zu sein. Auf diese Weise wird aber nur der Teil geliebt, den wir vortäuschen. Das ist kein sehr angenehmes Gefühl.

Und weil wir glauben, nicht so sein zu dürfen, wie wir sind, sollen alle anderen erst recht nicht so sein dürfen, wie sie sind. Die Kritik, die wir uns selbst auferlegen, bekommen auch andere zu spüren. Erst recht unser Partner. Wir kämpfen also mit der Außenwelt, weil wir mit uns selbst im Unreinen sind.

WAS WIR AN ANDEREN BEKÄMPFEN, ZEIGT NUR,
WAS WIR AN UNS SELBST NICHT AKZEPTIEREN.

Solange wir aber mit uns selbst im Konflikt stehen, werden wir auch mit anderen im Konflikt stehen. Wenn wir uns nicht akzeptieren, werden wir auch unsere Mitmenschen nicht so akzeptieren, wie sie sind. Wir werden immer einen Mangel an ihnen entdecken. Finden wir uns zum Beispiel nicht schön, begehrenswert oder liebevoll, werden wir genau diese missliebigen Eigenschaften beim anderen aufspüren wollen. Wir alle kennen dieses Verhalten bereits bei den alltäglichsten Dingen. Finden wir uns zu dick, fällt unser Augenmerk auf die Menschen, die ebenfalls nicht mit ihrem Körpergewicht klarkommen. Oder wir sehen Hyperschlanke und fühlen uns verletzt und zurückgesetzt und versuchen, sie ebenfalls zu verletzen oder herabzusetzen.

MISSTRAUEN WIR DER LIEBE, WERDEN WIR IMMER DIE ASPEKTE IM GEGENÜBER SUCHEN, DIE UNSER MISSTRAUEN BESTÄTIGEN.

Wenn wir uns nicht annehmen, werden wir niemals einen anderen Menschen annehmen. Wir akzeptieren dann keine seiner Schwächen, weil wir uns mit unseren eigenen nicht ausgesöhnt haben.
Je länger wir nun mit unserem Partner zusammen sind, desto mehr werden wir bemerken, dass auch er Ecken und Kanten hat, dass er nicht auf den Sockel, auf den wir ihn gehoben haben, gehört. Seine Ecken und Kanten wollen wir nicht zulassen, da wir sie bei uns auch nicht zulassen können.
Wenn wir also die Art, uns selbst zu bewerten und zu verurteilen, genauer betrachten, werden wir erkennen, dass wir in unserer Außenwelt stets die gleichen Bewertungsmaßstäbe ansetzen, mit denen wir uns selbst fertigmachen. Das bedeutet, erst wenn wir beginnen, uns selbst zu lieben und anzunehmen, können wir auch andere lieben und annehmen.

Aber wie beginnt man nun, sich selbst zu lieben?
Vielleicht beginnen wir damit, uns selbst so zu behandeln, wie wir gern von anderen behandelt werden möchten. Wir hören also einfach auf, uns selbst zu beschimpfen, zu verurteilen, abzukanzeln oder fertigzumachen. Damit uns das gelingt, müssen wir den Kritiker in uns zum Schweigen bringen. Wenn wir unseren inneren Kritiker jeden Tag ein bisschen mehr beschwichtigen könnten, wäre unser Leben wesentlich erträglicher.

> WAS DU AM MEISTEN KRITISIERST,
> IST DIE ART, WIE DU BIST.

Unser größter Kritiker ist also niemand anderer als wir selbst. *Wir* bewerten jede unserer Handlungen, *wir* verurteilen unser Aussehen, unser Können und unseren Charakter. Vor allem aber halten *wir* uns für nicht liebenswert. Und genau dies leben wir anderen bewusst oder unbewusst täglich vor. Möchten wir also liebevoller behandelt werden oder die Liebe in unser Leben einladen, ist dies eigentlich ganz einfach.
Wenn wir Schritt für Schritt beginnen, uns selbst so zu behandeln, wie wir von anderen behandelt werden möchten, zeigen wir unserem Umfeld, wie wir gewohnt sind, mit uns umzugehen.
Wenn wir anfangen, positiv über uns zu denken, werden das auch bald alle anderen tun. Wenn wir anfangen, liebevoller, respektvoller und achtsamer mit uns umzugehen, werden dies sehr bald auch alle anderen um uns herum tun.

Es gibt keinen schnelleren Weg, die Liebe in unser Leben einzuladen, als zu beginnen, uns selbst zu lieben und den Kritiker in uns zum Schweigen zu bringen.

BEHANDELE DICH SO, WIE DU
VON ANDEREN BEHANDELT WERDEN MÖCHTEST.

Wenn du also etwas anderes bekommen möchtest als bisher, wirst du etwas in dir ändern müssen. Sonst bekommst du weiterhin das, was du schon hast.
Gleiches zieht immer Gleiches an. Liebe zieht also immer Liebe an. Aus diesem Grund wird sich übrigens ein feindseliger Mensch immer in einer feindseligen Umgebung wiederfinden, während ein liebevoller Mensch sich immer in einer liebevollen Umgebung aufhalten wird.

DIE LIEBE ZU DEINEM NÄCHSTEN GEHT IMMER
ÜBER DIE LIEBE ZU DIR SELBST.

III
DIE LIEBE ZURÜCKEROBERN

Das Leben bietet Gelegenheit,
Perlen zu sammeln und Kiesel wegzuwerfen,
oder aber Kiesel zu sammeln und Perlen wegzuwerfen.
Hazrat Inayat Khan

III
DIE LIEBE
ZURÜCKEROBERN

Die Suche nach der Liebe endet immer in dir

Das größte Hindernis der Liebe sind stets wir selbst.

Wir suchen die Liebe. Nicht eine Frau oder einen Mann.
Würden wir eine Frau oder einen Mann suchen, würden wir sie nie wieder verlassen, wenn wir diese Person gefunden haben. Tatsache aber ist, dass wir den Partner wieder verlassen, wenn wir glauben, woanders die Liebe entdeckt zu haben.
So irren viele von einer Beziehung zur nächsten. Immer auf der Suche nach Liebe.

Findest du aber die Liebe in dir, findest du die Liebe auch in jedem Mann und in jeder Frau. Zum Beispiel auch in dem Menschen, der jetzt an deiner Seite ist.

Liebe, die nicht alles erträgt,
ist eine Täuschung des Herzens.

Wenn die Liebe verschwunden ist, scheint es oft unmöglich, sie wieder zurückzugewinnen. Aber nicht weil es grundsätzlich nicht mehr ginge, sondern weil uns dieser Schritt so unendlich schwer fällt. Wir glauben nicht mehr daran. Die Verletzungen wiegen zu schwer. Wir haben die Hoffnung fallen gelassen und sehen keine Perspektive mehr. In solchen Augenblicken glauben wir oft, dass es uns woanders besser ergehen würde. Wir beginnen zu projizieren, leben immer mehr in unseren Tagträumen und sind überzeugt, dass es überall angenehmer wäre als da, wo wir gerade sind. Natürlich ist dies ein Irrglaube. Denn es ging uns bisher woanders nicht besser. Wäre es so gewesen, wären wir doch noch dort. Aber auch in all den anderen Beziehungen gab es Dinge, die ein Verbleiben unmöglich erscheinen ließen. Schließlich haben wir uns getrennt. Oder man hat sich von uns getrennt. Natürlich können wir uns auch jetzt wieder trennen und wieder woanders von vorn anfangen. Und mit Sicherheit macht es anfangs wieder viel mehr Spaß. Aber nur weil wir uns zu Beginn wieder erfolgreich verstellen können und nicht unseren wahren Charakter, sondern nur unsere »schönen« Seiten zeigen. Aber früher oder später kommen wir wieder genau an den gleichen Punkt, an dem wir uns jetzt befinden. Wir fühlen uns abgewiesen, missverstanden und ungeliebt. Selbst wenn wir jetzt, in diesem Moment keine Perspektive zu haben glauben, wissen wir in der Tiefe unseres Herzens, dass es auch beim nächsten Partner wieder Verletzungen geben wird. Wieder werden wir glauben, Dinge nicht länger aushalten zu können, und uns erneut veranlasst sehen, das Weite zu suchen.

Früher oder später stehen wir also erneut vor der Entscheidung, die Liebe wiederzubeleben oder abermals woanders von vorn zu beginnen. Auf diese Weise bleiben wir gefangen im ewigen Kreislauf zwischen Euphorie und tiefer Enttäuschung.

> WOHIN WIR AUCH GEHEN,
> WIR NEHMEN UNS IMMER MIT.

Lange Zeit habe ich mich geweigert, dies so zu sehen. Obwohl mir immer wieder Ähnliches in meinen Partnerschaften passiert ist, obwohl ich immer wieder an dem gleichen Punkt stand, habe ich natürlich die Schuld immer wieder bei anderen gesucht.
Aber dann fing ich eines Tages an, mir über meine vergangenen Partnerschaften Gedanken zu machen. Für einen Mann ist das ein ziemlich ungewöhnlicher Schritt.
Ich versuchte zunächst herauszufinden, wie es meine Expartnerinnen – obwohl sie sich nicht kannten und sich daher auch nicht absprechen konnten – trotzdem geschafft hatten, mich immer wieder an den gleichen Punkt der Ohnmacht, der Verzweiflung oder der tiefen Verletzung zu führen. Dafür konnte ich zunächst keine logische Erklärung finden. Doch die einzige Möglichkeit, die Sinn ergab, war leider folgende: Wenn ich mit vollkommen verschiedenen Menschen zu verschiedenen Zeiten und an völlig verschiedenen Orten, immer wieder Ähnliches erlebte, musste es mit ziemlicher Sicherheit etwas mit mir selbst zu tun haben. Wahrscheinlich haben also alle meine Partnerinnen mich überhaupt nicht immer wieder an den gleichen Punkt geführt, sondern ich mich selbst. Wenn

dem so war, dann konnte ich mit ziemlicher Sicherheit davon ausgehen, dass es beim nächsten Mal wieder so sein würde.

Wenn man also glaubt, es nicht mehr auszuhalten, und die Beziehung verlassen möchte, dann kann man sich natürlich von seinem Partner trennen. Niemand kann einen zum Bleiben zwingen. Besser wäre es allerdings, erst dann zu gehen, wenn man den Knoten der ewig gleichen Wiederholungen durchschlagen hat. Sonst nimmt man ihn auch diesmal wieder mit und durchläuft das alte Muster erneut. Alle Knoten dieser Welt lassen sich natürlich nicht so schnell und einfach lösen, wie man es gern hätte, dennoch gibt es einen sehr erfolgreichen Weg: Indem man die Liebe wiederbelebt.

Liebe hilft uns über alle alten Muster und Verletzungen hinweg.

Die Liebe zurückzuerobern ist das Beste, was wir in unserem Leben für uns selbst tun können, denn dadurch gehen wir in unsere eigenen Tiefen und transformieren alte, längst überflüssige Muster. Sehr oft werden wir dann, wenn wir unsere Liebe wiederentdeckt haben, keinen Sinn mehr darin sehen, uns zu trennen.

Sich selbst annehmen

Sich zu verlieben ist einfach,
weil wir die Wahrheit nicht sehen.
Aber erst wenn die Wahrheit
zum Vorschein kommt,
beginnt die Liebe.

Wir wollen natürlich den besten Partner der Welt haben. Um das zu schaffen, zeigen wir uns, wenn wir jemand kennen lernen, nur von unserer besten und liebenswertesten Seite. Und genau dadurch beginnt unser ganzes Unglück. Wir verstellen uns. Wie wir uns geben, sind wir nicht immer, nein, ein gewaltiger Teil von uns ist anders. Aber diesen Teil verstecken wir lieber, schließlich wollen wir angenommen und geliebt werden.

Aus diesem Grund geben wir uns charmant, aufregend und sexy. Alle unsere Schattenseiten, alle unsere Sorgen und Ängste und negativen Emotionen versuchen wir vor unserem künftigen Partner zu verbergen. Wir betrügen ihn also, bevor es überhaupt losgeht.

Aber das ist nur ein Teil der Wahrheit. Die ganze Wahrheit besteht darin, dass sich auch unser Partner nur von seiner besten Seite zeigt und den größten Teil seiner Persönlichkeit ebenfalls vor uns verbirgt.

Es treffen also zwei Menschen aufeinander, die sich gegenseitig etwas vortäuschen. Da es aber auf Dauer nicht möglich ist, sich zu verstellen, und es ziemlich große Mühe kostet, jemand anderer zu sein, werden diese Bemühungen mit der Zeit eingestellt. Wir beginnen irgendwann, uns so zu zeigen, wie wir wirklich sind. Und da unser Partner sein Verstellspiel auch nicht lange durchhalten kann, stehen sich plötzlich zwei staunende Menschen gegenüber. An diesem Punkt beginnt Nähe. Das heißt, sie könnte beginnen. Aber genau dies werden wir, obwohl wir uns so sehr danach sehnen, so lange wie möglich zu verhindern suchen.

Denn sobald unser künftiger Partner uns nahe kommt, können wir uns nicht mehr verstecken. Nicht nur körperlich, sondern vor allem emotional. Wir werden also gezwungen sein, uns so zu geben, wie wir wirklich sind – wütend und aufbrausend, kleinlich und geizig, herrschsüchtig, ungerecht, ungeduldig, lächerlich, rechthaberisch oder peinlich. Wir wollen perfekt sein, aber wir sind es nicht. Und das bereitet uns größte Schwierigkeiten. Wir werden uns verletzt oder beleidigt geben, Schuld auslagern, die Wahrheit zurückhalten oder beim Lügen erwischt werden.

Das alles sind wir nämlich auch im wahren Kern unseres ganzen Seins. Unser wahrer Charakter beinhaltet ein ganzes Universum an angenehmen und unangenehmen Seiten.

Ein Zusammenleben in absoluter Nähe ist jedoch nicht möglich, wenn wir nicht auch unsere ungeliebten Seiten offenbaren.

UNSER PARTNER BEKOMMT UNS SO ZU SEHEN, WIE
WIR WIRKLICH SIND. UND DESHALB BEKOMMEN WIR UNS
SELBST SO ZU SEHEN, WIE WIR WIRKLICH SIND.

Und das gefällt uns nicht. Wir wollen nicht wütend sein oder verletzt weglaufen, oder unsere Speckröllchen als Teil von uns annehmen. Ein Leben lang haben wir gelernt, uns zu verstellen. Wir haben uns sympathisch gezeigt, witzig, ausgeglichen, ruhig und leidenschaftlich. Wir haben Rollen eingenommen, die uns geholfen haben, andere zu beeindrucken. In einer Partnerschaft können wir diese Rollen nicht lange aufrechterhalten. In einer Partnerschaft müssen wir unser selbst geschaffenes Bild von uns aufgeben. Nicht nur unserem Partner, sondern vor allem uns selbst gegenüber.

JE NÄHER UNS UNSER PARTNER KOMMT,
DESTO NÄHER KOMMEN WIR UNS SELBST.

Eine glückliche Beziehung zu führen scheint nur deswegen so schwierig, weil wir durch die Nähe plötzlich mit uns selbst konfrontiert sind. Das Ende der Verliebtheitsphase ist nichts anderes als der Zeitpunkt, an dem wir beginnen, unsere Masken abzulegen. Wir kommen der eigenen Wahrheit immer näher und werden immer mehr zu uns selbst. Davor haben wir aber die größte Angst. Wir befürchten, abgelehnt zu werden. Und zwar so, wie wir uns selbst ablehnen. Je näher uns unser Partner kommt, desto größer werden daher unsere unbewussten Abwehrmechanismen.

Lieber täuschen wir uns selbst etwas vor, als zu akzeptieren, dass wir nicht vollständig sind.

Entsteht in einer Partnerschaft Nähe, werden wir zwangsläufig mit einer ziemlich unangenehmen Frage konfrontiert.
Diese lautet: Wer bin ich wirklich?
Alles, was uns verletzt, verwirrt und unsicher macht, was uns nicht lebendig sein lässt, uns daran hindert, befreit und leicht durchs Leben zu gehen, tabulosen Sex zu erleben, Nähe und Vertrauen zuzulassen, Intimität oder tiefere Verbundenheit einzugehen, bekommt in der Partnerschaft brisant gefährliche Aufmerksamkeit, ob wir dies wollen oder nicht. Je mehr wir uns dagegen wehren, desto stärker wird der Druck. Wenn unser Partner also auf all diese Knöpfe bei uns drückt, die so wehtun und die man bisher so erfolgreich vermieden hat, ist man in Wahrheit auf dem besten Weg der Heilung.

Partnerschaft ist die schnellste Möglichkeit, Heilung zu erfahren.

Das bedeutet jetzt nicht, dass wir auf der Stelle in die eigenen Tiefen hinabsteigen müssen, sondern lediglich, dass wir bei allem, was uns künftig in der Partnerschaft begegnet, den Fokus stärker auf uns als auf unseren Partner richten sollten. Wir beginnen einfach, uns selbst etwas mehr zu beobachten. Vor allem dann, wenn es ungemütlich wird in der Beziehung.

Warum fühle ich so? Warum löst dieses bestimmte Wort so eine tiefe Verletzung in mir aus? Woher kenne ich das Gefühl? Warum reagiere ich so und nicht anders? Gegen wen kämpfe ich in Wirklichkeit?

Wenn wir beginnen, uns *selbst* stärker zu betrachten als unseren Partner, werden wir von vielem überrascht sein. Wir werden vielleicht erkennen, dass es in uns Verurteilungen gibt, Abwehr, Schuldzuweisungen, Wut, Groll, Hass, Scham, Tabus und Ängste, die uns daran hindern, glücklich zu sein.

Das Erstaunliche aber ist, dass uns einige von diesen Gefühlen durchaus sehr bekannt vorkommen werden. Wir tragen sie nämlich schon lange mit uns herum, es sind Wiederholungen aus der Vergangenheit. Wir scheinen oftmals in Dauerschleifen eines ewig gleichen Verhaltens gefangen zu sein.

VIELE PROGRAMMIERUNGEN, DIE WIR IN UNS TRAGEN, WOLLEN DAS GEFÜHL VON LIEBE NICHT ZULASSEN.

Diese Programmierungen haben einen Ursprung, einen tieferen Sinn. Vielleicht haben sie uns einmal geholfen, weiterzuleben oder Schmerzen nicht mehr spüren zu müssen. Heute behindern uns diese Programmierungen meist in unserer Fähigkeit, zu lieben und Liebe zu empfangen, anstatt uns wirklich zu helfen. Daran können wir zunächst nichts ändern, und wir sollten dies auch nicht vorschnell verurteilen. Es gab einfach Situationen in unserem Leben, die uns dazu gebracht haben, ein solches Verhalten zu entwickeln. Mehr gibt es im Moment dazu nicht zu sagen. Alles, was wir jetzt nur im Kopf behalten sollten, ist, dass genau in diesen Vergangenheitsmomenten meist die Gründe zu suchen sind, warum man den Partner lieber von sich schiebt, als sich erneut den Risiken der Liebe zu stellen.

Und genau in diesen Momenten der größten Abwehr liegt die größte Möglichkeit der Heilung. Unser Partner tut nämlich nichts »Schlimmes«. Er weckt nur all die Punkte der unbewältigten Vergangenheit wieder in uns und fordert uns auf, sich ihnen zu stellen. Dies macht er natürlich völlig unbewusst. Aber er tut es. So wie auch wir bei ihm all die Knöpfe drücken, die dringend der Heilung bedürfen. Und so pikst man gegenseitig genau an den Stellen herum, die man so gern verheimlichen möchte.

Das ist dann meist der Moment, an dem man sich überlegt, wieder einmal das Weite zu suchen.

Wenn wir uns aber stattdessen wieder Schritt für Schritt auf uns selbst und unsere vergrabenen und unbewältigten Gefühle einlassen, wird sich alles, was bisher die Beziehung zu zerstören drohte, plötzlich als kraftvoller Weg erweisen, um die ersehnte Liebe zu spüren, sie zuzulassen und vielleicht sogar zu vertiefen.

IMMER WENN WIR GLAUBEN, DASS DIE LIEBE
ZU ENDE GEHT, ERREICHEN WIR DEN PUNKT,
AN DEM SIE IN WAHRHEIT BEGINNT.

Wenn die Verliebtheitsphase aufhört, glauben wir oft, unsere Liebe hätte nachgelassen. In Wahrheit ist dies der Augenblick, wo sie beginnen könnte. Wenn die Leidenschaft nachlässt, wächst die Liebe, weil wir erst dann beginnen, wirklich mit offenen Augen unseren Partner zu betrachten. Wenn die ersten Schwierigkeiten auftauchen, wenn wir die ersten unliebsamen Ecken und Kanten entdecken, nehmen wir Kontakt zu der wahren Person auf. Wir betrachten zwar unseren Partner, aber in Wirklichkeit treten wir endlich in Kontakt zu uns selbst, da wir durch unseren Partner all das entdecken, mit dem wir selbst noch im Unreinen sind. Es sind all die Bereiche in uns, die wir irgendwann verlassen, abgelehnt, verdrängt oder ganz bewusst verstoßen haben. Aber sie wollen gelebt werden.

Wenn wir diesmal nicht weglaufen, sondern beginnen, uns mit ihnen zu beschäftigen und all die Gefühle zuzulassen, auch die, die so unglaublich wehtun, beginnen wir wieder zur Gänze am Leben teilzunehmen. Wir werden frei für unseren Partner. Wir werden frei durch ihn. Wenn wir es schaffen, durch unseren Groll und Hass und unsere Wut und Ablehnung hindurchzugehen, werden wir entdecken, dass dahinter immer nur der hilflose Schrei nach Liebe steckt.

Wir halten die Partnerschaft dann sehr oft für die große Liebe. In Wahrheit haben wir nur den Mut aufgebracht, uns wieder vollständig zu zeigen und einzulassen. In Wahrheit haben wir begonnen, uns selbst zu lieben. Und dieses Gefühl ist das wunderbarste auf der ganzen Welt. Entspannt können wir uns endlich der Liebe hingeben. Der Liebe zu uns selbst und zu unserem Partner.

Wenn wir beginnen, uns selbst anzunehmen, glauben wir in unserem Partner die grosse Liebe unseres Lebens gefunden zu haben.

Das stimmt auch irgendwie. Wenn wir uns selbst lieben, können wir mit jedem Menschen zusammen sein. Wir werden durch ihn die Liebe in uns spüren. Es lohnt sich also, nicht sofort aufzugeben, sondern die Liebe immer wieder einzuladen und zu bewahren, denn dann begegnen wir einem wundervollen Menschen.
Dieser wundervolle Mensch ist niemand anderer als wir selbst.

IV
UM DIE GEMEINSAME LIEBE KÄMPFEN

*Sich selbst zu überwinden ist wahrlich besser,
als andere zu bezwingen.*
Dhammapada 8. Kapitel

IV

UM DIE GEMEINSAME
LEHRE KÄMPFEN

Die heilsame Kraft des Vergebens

*Viele Menschen kennen Liebe nur als Verletzung.
Halten wir an dieser Erfahrung fest,
verletzen wir uns immer und immer wieder.*

Vergeben ist nicht immer so leicht. Viele von uns haben so zahlreiche seelische Verletzungen erlitten, dass sie nicht mehr vergeben können oder wollen. Sie sind misstrauisch geworden. Ihren Freunden gegenüber, ihrem Partner und natürlich erst recht so etwas Intimem wie der Liebe gegenüber. Sie möchten nicht, dass ihnen noch einmal etwas Ähnliches widerfährt. Sie wollen nicht erneut verletzt, zurückgewiesen oder überfordert werden.
Vergeben ist also nicht immer leicht. Dabei sollte man allerdings Folgendes bedenken: Man vergibt anderen nicht um deretwillen, sondern einzig und allein für sich. Nicht zu vergeben heißt nämlich, die Wut und den Groll und all die Ungerechtigkeiten zu behalten.

Wenn wir nicht vergeben,
bestrafen wir uns selbst.

Trotzdem ist nicht zu vergeben das, was wir am liebsten tun. Warum? Vergeben bedeutet in unseren Augen scheinbar genau das aufzugeben, was uns am meisten Vorteile verspricht.

Wenn wir nicht vergeben, halten wir andere in der Schuld, und diese lässt sich prächtig nutzen. Sie ist wie eine Währung, mit der man den anderen bezahlen lässt. Die Währung heißt Schuldgefühle. Mit ihnen halten wir unser Gegenüber klein und unfrei, und er kann jederzeit zurechtgewiesen werden.

Sich selbst setzt man auf einen Sockel, auf dem eingemeißelt steht, was für ein wundervoller und zu Unrecht verletzter Mensch man doch ist. Man fühlt sich dadurch besser und rechtschaffener als der Partner. Man fühlt eine scheinbare Stärke und Überlegenheit, die man sonst nicht hätte. Eine wundervolle Partnerschaft wird man auf diese Weise allerdings nicht bekommen.

Denn diese Währung kostet uns
unsere Lebendigkeit.

Wenn man nicht vergeben kann, hält man seine Mitmenschen auf Abstand. Man lässt sich nicht mehr wirklich ein. Man entscheidet sich – meist unbewusst –, lieber ohne Intimität und wahre Nähe zu leben, als erneut den Schmerz der Vergangenheit zu erfahren. Man darf sich dann allerdings nicht wundern, wenn die Partnerschaft keinen wirklichen Spaß macht.

Die Beziehung wird dann ein trauriger Fluss von Schuldzuweisungen.

Auf diese Weise wird nicht nur das Zusammenleben mit dem Partner eine ganz eigene Schwere bekommen, auch wird man nur selten wirklich wundervollen Sex haben. Denn wenn man nicht vergeben kann, dann ist der beste Sex meist der mit sich allein. Natürlich versucht man trotzdem, Sex mit einer anderen Person zu haben, die man in diesen intimen Momenten entweder anlügt oder ihr zumindest etwas vortäuscht. Oder man täuscht sich selbst etwas vor, redet es sich schön und erwartet unbewusst eigentlich das Schlimmste. Oder man hat Sex, ohne jemals Nähe zuzulassen. Das führt früher oder später dazu, dass man den Respekt vor seinem Sexpartner verliert. Oder vor sich selbst.

Wenn man nicht vergibt, nimmt man sich und seinem Partner die Würde.

Vergeben heißt, die Vergangenheit loszulassen. Das ist einfacher gesagt als getan. Denn sicherlich hat man gute Gründe, warum man nicht vergeben kann oder will. Es wurde einem übel mitgespielt. Vielleicht will man also gar nicht vergeben. Schon gar nicht, ohne etwas dafür zu bekommen. Man will die anderen nicht so leicht davonkommen lassen. Sie sollen für das, was sie einem angetan haben, bezahlen. Aber das werden sie nicht tun. Bezahlen tut man immer nur selbst, auch wenn der Anlass lange zurückliegt. Manchmal ist es sogar so lange her, dass man die eigentliche Ursache für sein unversöhnliches Verhalten längst vergessen hat.

Wie wissen wir dann, ob wir überhaupt etwas zu vergeben haben?
Wenn es in unseren Beziehungen immer wieder ähnliche, sich wiederholende »Verletzungen« gibt, immer wieder tiefe Enttäuschungen, sollten wir uns fragen, wer hier der eigentliche Auslöser dafür ist. Ich weiß, dass sich das für uns selbst anders anfühlt, aber die Wahrheit ist, dass es sich meist um ein ständiges Wiederholen der eigenen Vergangenheit handelt, die man nicht loslassen will. Wenn man also in der Partnerschaft immer wieder ähnlich Unerfreuliches erfährt, sollte man überprüfen, wo man nicht vergeben kann. Welche negativen Erfahrungen kann man nicht loslassen?
Solange man nicht vergibt, lebt man mit dem Ärger und all der Ungerechtigkeit weiter und stülpt seine negativen Vorurteile dem gegenwärtigen Partner über. Auf diese Weise nimmt man seinen Partner nicht so wahr, wie er wirklich ist, sondern nur so, wie man ihn sehen will. Man kitzelt immer nur die Eigenschaften aus ihm heraus, die einen in der eigenen »katastrophalen« Meinung bestätigen, um seinem Partner dann stellvertretend vom Sockel zu stürzen. Für die Vergehen anderer aus der Vergangenheit lässt man also immer und immer wieder den aktuellen Partner heute bezahlen.
Will man das wirklich? Will man wirklich, dass die aktuelle Beziehung noch von den Dingen aus längst vergangenen Beziehungen bestimmt wird? Es gibt

Menschen, die nehmen ihre Wut sogar mit ins Grab. Will man einer von ihnen werden? Die Missetäter sind längst tot, aber man behindert noch immer mit seiner Unversöhnlichkeit das eigene Leben. Und das Leben des Partners. Oft muss er stellvertretend für etwas geradestehen, das er gar nicht verursacht hat.
Wenn man nicht vergeben kann, erwartet man unbewusst von seinem Partner Wiedergutmachung. Aber unser Partner kann nicht alles wieder gutmachen, was uns früher angetan wurde.

OHNE VERGEBUNG GIBT ES KEINEN NEUANFANG.

Will man wieder in die Lebendigkeit einer wundervollen Partnerschaft einsteigen, kommt jeder von uns früher oder später an den Punkt, an dem wir etwas vergeben müssen. Dem Vater, der Mutter, den früheren Geliebten und natürlich auch dem eigenen Partner.
Aber wie vergibt man? Wie wird man den ganzen Ballast los?
Vergeben bedeutet, alle Gedanken an Rache und Wiedergutmachung bedingungslos aufzugeben. Für immer. Es gibt kein: »Ich vergebe dir, wenn du es nicht wieder tust«, oder ein: »... wenn du mich ab jetzt besonders lieb behandelst«, etc. Durch Bedingungen halten wir den anderen nur wieder in Unfreiheit und in Schuld. Er hat nicht die gleichen Rechte wie wir, er hat etwas verwirkt.
Wenn wir jemandem vergeben, tun wir dies nicht, um die Situation für alle Beteiligten annehmbarer zu ge-

stalten, sondern wir vergeben ausschließlich, damit das eigene Leben angenehmer wird. Beim Vergeben geht es also immer nur um uns und um niemand anderen. Es geht einzig und allein um unser Glück und unsere Zufriedenheit.

Das bedeutet nicht, dass wir unsere Wut oder unsere Verletzungen leugnen müssen. Es ist ganz normal, sich zu ärgern, wenn man ungerecht behandelt wird. Aber es bedeutet, dass man ab einem gewissen Punkt die Vergangenheit ruhen lassen kann. Ansonsten entsteht tiefer Groll, der den Ärger regelrecht einlädt, immer wieder unser Leben zu beeinflussen.
Vergeben ist auch nicht damit gleichzusetzen, dass es keine Konsequenzen gibt. Wenn man ernst genommen werden will, sollte man sie auch ziehen. Aber Konsequenzen haben mit Vergeben nichts zu tun. Man kann vergeben und gleichzeitig Konsequenzen ziehen. Man sollte aber niemals Konsequenzen ziehen, ohne zu vergeben, sonst bleibt einem der ganze seelische Müll erhalten.

Beim Vergeben verzeihen wir dem anderen, ohne gutzuheissen, was er getan hat.

Es bedeutet also nicht, dass man die Beziehung aufrechterhalten muss, sondern es heißt ganz einfach, dass man seinen inneren Frieden findet, dass man nach vorn sieht und nicht ewig die gleichen Leidensgeschichten vor dem inneren Auge ablaufen lässt. Sonst nimmt man die angestaute Unversöhnlichkeit mit in die nächste Beziehung.

Wie kann man feststellen, ob man jemandem wirklich vergeben hat?
Wenn man vergeben hat, wird alles irgendwie leichter und freier. Vielleicht hat man auch das Gefühl, mehr Energie zu haben. Man wird nicht mehr darüber nachgrübeln, wie schlecht und ungerecht man behandelt worden ist. Mit Sicherheit wird die Beziehung zu dem Menschen, dem man vergeben hat, wesentlich klarer werden.

MAN IST NICHT MEHR OPFER DER VERGANGENHEIT.

Vergeben ist gerade dann wichtig, wenn man schon längere Zeit mit dem Partner zusammen ist. In jeder Partnerschaft gibt es Verletzungen. Schließlich zeigen wir uns unserem Partner so nah, dass wir zwangsläufig auch unsere Schattenseiten offenbaren, und das kann eine Menge Verletzungen mit sich bringen. Halten wir an diesen Verletzungen fest, dann lassen wir unseren Partner nicht frei. Er kann uns nicht mehr unbekümmert begegnen.
Erst vollständiges Vergeben lässt wieder Nähe und Vertrautheit entstehen. Befreit und losgelöst können wir die Zweisamkeit mit unserem Partner wieder genießen. Es begegnen sich wieder zwei gleichwertige Menschen, neu und unschuldig, und können nun wieder auf einer gemeinsamen Ebene beginnen.
Vergeben ist also die schnellste Möglichkeit, die Liebe wieder zurückzuholen. Möchten wir unser Leben in vollen Zügen genießen, wird uns jedenfalls nichts anderes übrig bleiben, auch wenn wir mitunter auf harte Proben gestellt werden.

DAS WUNDER
DER KÖRPERLICHEN LIEBE

Liebe und Sex begegnen sich nicht immer.
Aber wenn sie sich treffen, sind wir so erfüllt,
dass sich unser ganzes Wesen ändert.
Zumindest für die Dauer dieses Lebens.

Viele von uns glauben, dass man beim Sex stets auch die Liebe des Partners spüren müsste. Diese unausgesprochene Erwartung führt meist zu großen Enttäuschungen und Missverständnissen innerhalb einer Partnerschaft.

Natürlich werden wir beim Sex immer wieder tiefe Liebe erfahren. Und natürlich ist Sex mit der Person, die wir lieben, meist inniger. Aber selbst wenn wir mit unserem Partner aus tiefstem Herzen verbunden sind, werden wir auch Sex mit ihm haben, ohne das wundervolle Gefühl von Liebe zu empfinden. Das wird wahrscheinlich sogar sehr oft passieren. Und das ist völlig normal. Denn:

SEX HAT NICHTS MIT LIEBE ZU TUN.

So provokant der Satz auch klingen mag, so gern wir widersprechen wollen, sosehr wir hoffen, durch Sex die

Liebe einfangen zu können, oder glauben, dass die Liebe sich gerade beim Sex zeigen wird, werden wir durch Sex die Liebe nicht erzwingen.

Liebe lässt sich nicht erzwingen, nicht nötigen oder konservieren. Und schon gar nicht wiederholen oder fordern. Auch nicht durch Sex. Eigentlich müsste ich sagen, erst recht nicht durch Sex.

Auch guter, ja gigantischer Sex sagt nichts über die Liebe zum Partner aus, sondern nur über die gleichen Vorlieben im Bett. Schließlich kann man richtig guten Sex auch mit einem Menschen haben, ohne ihn zu lieben. Was übrigens sehr oft geschieht. Man kann auch Sex mit einem völlig fremden Menschen haben, und dieser Sex kann atemberaubend sein. Er kann sogar wesentlich aufregender sein als mit dem Partner, den man liebt.

Guter Sex sagt also nichts über die Liebe aus, denn Sex hat nichts mit Liebe zu tun und muss auch nicht unbedingt dort anzutreffen sein. Auch wenn wir unseren Partner lieben, erleben wir den Sex mit ihm stets verschieden. Mal tief beglückend, mit dem Gefühl von unendlicher Verbundenheit, dann wieder heiß und wild, selbstvergessen im Augenblick der Leidenschaft und ziemlich oft auch »nur« normal und entspannend wie ein heißes Bad. Manchmal sind wir auch nur bei uns. Egoistisch träumen wir in anderen Welten. Und mal halten wir durch, um unseren Partner nicht zu enttäuschen.

All dies sagt nichts über unsere generelle Liebe zu unserem Partner oder dem Gefühl der Zusammengehörigkeit aus, sondern nur über unsere Tagesverfassung, die jeweiligen Bedürfnisse und unsere Erwartung, die wir mit dem Erleben von Sex verbinden.

Mal fühlen wir uns dabei richtig glücklich, mal furchtbar allein. Mal lachen wir über unser Verhalten, mal sind wir zu Tränen gerührt, mal blödeln wir herum oder sind furchtbar ernst, mal reden wir währenddessen oder erleben den Zauber der Sinnlichkeit völlig stumm. Mal kommen wir auf unsere Kosten, mal nicht. Mal haben wir richtig Lust dazu, mal lassen wir uns überreden.

SEX IST KEINE GARANTIE DAFÜR,
DASS SICH DAS GEFÜHL VON LIEBE EINSTELLT.

Wenn wir beim Sex jedes Mal auch die wundervolle Tiefe der Liebe erwarten, werden wir nur noch selten Sex haben, denn dieser Erwartung kann keiner gerecht werden. Sex macht in erster Linie Spaß. Und zwar ziemlich großen. Sex ist einfach nur pure Lebensfreude.
Wollen wir aber durch Sex uns und anderen beweisen, wie sehr wir lieben, oder vom Partner erfahren, wie sehr wir geliebt werden, belasten wir etwas so Einfaches und Wunderbares wie Sex mit Dingen, die nichts damit zu tun haben. Wir bringen dadurch nur eine unnötige Schwere in das sinnliche Vergnügen. Liebe werden wir auf diese Weise jedoch nicht finden.

DIE PRÄSENZ DER LIEBE FOLGT EIGENEN GESETZEN.

Das Gefühl von Nähe, Vertrauen, Intimität und natürlich von tiefer Liebe geschieht in der Partnerschaft in Wellenbewegungen. Es ist ein sich Annähern und wieder Entfernen. Distanz und Nähe wechseln sich ab. Mal erfasst die Liebe uns mit großer Wärme und Innigkeit, mal spüren wir sie gar nicht, selbst wenn wir es noch so sehr wollen. Und das Seltsame ist, dass man das Gefühl von Liebe nicht planen kann. Man kann nicht vorhaben, um eine bestimmte Uhrzeit eine Welle von Zuneigung zu spüren.

> DIE LIEBE BEWEGT SICH IN WELLENBEWEGUNGEN.
> UND NICHT IMMER
> FÄLLT SIE MIT DEM EREIGNIS SEX ZUSAMMEN.

Die Liebe kann uns unerwartet und in einem völlig ungeeigneten Augenblick ergreifen. Beim Begräbnis eines Freundes, beim Sturz auf Skiern, beim Lachen in der Menge oder einem Geruch, der einem vertraut ist. Das Gefühl der Liebe ist plötzlich da.
Und manchmal eben überhaupt nicht. Selbst dann, wenn der Partner sich viel Mühe gegeben und ein traumhaftes Abendessen mit Kerzenschein arrangiert hat. Er öffnet die Champagnerflasche, alles stimmt und ist extrem romantisch, und trotzdem überlegt man sich, warum man überhaupt mit ihm zusammen ist. Selbst im schönsten Moment kann unser Partner uns fremd erscheinen. Wir können innig kuscheln, den Megaorgasmus erleben, gemeinsam eine Zukunft planen, und das Gefühl von Liebe stellt sich dennoch nicht

ein. Meist fühlen wir uns dann undankbar und schuldig.
Und dann, beim Ausräumen des Kühlschranks streift uns eine Hand, ein Lächeln, ein Blick, eine Geste, und wir fallen völlig unerwartet in tiefe Glückseligkeit und sind zu Tränen gerührt.
Dieses Gefühl kann sich natürlich auch im Bett ergeben. Aber es kann sich eben nur ergeben. Wir können es nicht erzwingen.

Es gibt also Phasen in unserem Leben, da fühlen wir uns unserem Partner nah und vertraut. Alles ist erfüllt von unserer Liebe, die wir tief in uns spüren. Doch diese Tage halten nicht an, auch wenn man es noch so gern möchte. Obwohl man weiß, wie sehr man sich gegenseitig liebt, gibt es auch immer wieder Tage, an denen man voller Anspannung ist und man dieses tief verbindende Gefühl völlig verliert. Man ist streitsüchtig, ungeduldig, bockig und sagt Dinge, die man eigentlich nicht so meint. Man zeigt sich von keiner schönen Seite und erschwert sich die einfachsten Alltäglichkeiten. Meist hat man dann auch keine Zeit füreinander oder will keine haben. Man ignoriert die Wünsche des Partners nur zu gern oder weist sie sogar vorwurfsvoll zurück.
In diesen Tagen spüren beide den Verlust an Nähe und Intimität, und das kränkt noch mehr. Man will eigentlich nicht so sein. Man mag sich selbst so nicht. Man hört sich Worte sagen, die nicht der eigenen inneren Wahrheit entsprechen. Alles, was man an solchen Tagen von sich gibt, hat nichts mit der inneren Wahrheit der Partnerschaft zu tun, sondern nur mit einem selbst.

Und dennoch verhält man sich so, als wäre der Partner an allem schuld, dennoch ist man wütend oder abweisend.
Manchmal verlieren wir uns eben im Alltag, geraten in Hektik und Zeitdruck und werden gereizt und unleidlich. Wir nehmen uns dann keine Zeit mehr zum Entspannen.

> GENAU GENOMMEN GEHEN WIR NICHT GUT MIT UNS SELBST UM UND GEHEN DAHER NICHT GUT MIT UNSEREM PARTNER UM.

Was dann kommt, kennen wir alle. Obwohl wir wissen, dass unser Partner nicht für unsere negativen Gefühle verantwortlich ist, lassen wir unsere Launen an ihm aus. Kleinigkeiten können genügen, einen Orkan zu entfachen, man verfolgt sich gegenseitig mit den unwichtigsten Dingen und verbeißt sich ineinander wie zwei Kampfhunde. Die dabei entstehende Distanz macht noch wütender oder resignierter. Man hört entweder auf zu reden und geht sich aus dem Weg, oder man verfolgt sich mit Schuldzuweisungen und Rechthabereien. Jeder von uns ist mit solchen unheilvollen Tagen nur zu gut vertraut. Wir wissen natürlich, wohin uns dieses Verhalten führen wird. Wir verlieren immer mehr den Kontakt zu uns selbst, zu unserem Partner und natürlich zu dem ersehnten Gefühl von Liebe.

Auch bei Michaela und mir ist dies manchmal so. Allerdings wissen wir, dass die Basis unserer Verbindung eine ganz andere Qualität besitzt. Sie steht auf einem ganz anderen Niveau als die Streitereien und Spannungen, die immer mal wieder entstehen. Und weil wir beide dies wissen, tun wir uns inzwischen wesentlich leichter mit dem Beenden von Streiten, die eigentlich gar nicht zu uns gehören, die eigentlich jenseits unserer Verbindung stehen.

Streit ist zwar Teil einer jeden Partnerschaft, aber nicht das tragende Fundament.

Wenn wir uns dessen wirklich bewusst sind, dass Streitereien zwar ein ganz normaler Teil einer Beziehung sind, aber nicht zum Fundament der Partnerschaft gehören, gehen wir wesentlich gelassener damit um. Denn das, was wir da sagen, das meinen wir gar nicht. Eigentlich kämpfen wir an ganz anderen Fronten. Oft sind die Schmerzen, die da aufbrechen, wesentlich älter als unsere Beziehung. Oft sind es uralte Erlebnisse, die wir noch immer mit uns herumschleppen und die uns scheinbar nicht anders handeln lassen. Wir wissen, dass wir eigentlich nicht unseren Partner meinen, sondern andere unbewusste Dinge, die nach Heilung streben, nach Ausgleich suchen. Wir wissen, dass wir immer wieder in alten Geschichten gefangen sind, die uns zwingen, Gesichter von uns zu zeigen, die wir selbst an uns nicht mögen. Wir wissen, dass hier alte, noch nicht im Gleichgewicht herrschende Anteile in uns stecken und sie an solch kritischen Tagen nach oben schwappen. Sie zeigen sich.

So seltsam es klingen mag, so sind es doch genau diese »furchtbaren« Tage, die jeder von uns in seiner Partnerschaft immer wieder erlebt hat und auch immer wieder erleben wird, die uns die größten Chancen offenbaren, in unserer Partnerschaft der Liebe ein großes Stück näher zu rücken.

> AN DIESEN TAGEN HABEN WIR
> DIE GRÖSSTE CHANCE, ALTE VERLETZUNGEN
> ZU BEARBEITEN UND LOSZULASSEN.

Allerdings haben wir dann meist nicht die geringste Lust dazu. Das erste Geheimnis von Mustern ist nämlich, dass sie uns hartnäckig im Glauben lassen, keine Muster zu sein. Das zweite Geheimnis von Mustern ist, dass sie beharrlich die Liebe vertreiben. Manchmal sogar so beharrlich, dass kaum noch etwas von der Liebe übrig bleibt. Deswegen ist es so wichtig, diese Talsohlen auch wieder zu verlassen und sich wieder zu finden. Nicht immer ist dies sehr einfach. Zuerst müssen wir all den Stolz und die eigene Scham überwinden. Wir müssen uns wieder einlassen. Wir müssen es dem Partner erlauben, sich wieder auf uns einzulassen.
Und das geht meist am besten ohne Worte. Worte lassen uns oft nur auf der Verstandesebene verbleiben. Aber dort sind wir bereits. Dort geht es um Rechthaben, um Ansehen, Würde, Macht, Schuld – alles Dinge, die nichts mit Liebe zu tun haben. Wenn Worte nicht mehr weiterhelfen, wenn jeder Satz uns weiter voneinander entfernt, sollten wir es einfach mal ohne Worte probieren.

Die Augen sind das Tor zur Seele.

Um Streit zu beenden und wieder zur alles verbindenden Liebe zu finden, gibt es ein ebenso einfaches wie wirksames Mittel. Ausziehen und kuscheln. Nein, kein Sex! Hier ist etwas anderes gemeint. Um es gleich vorwegzunehmen; entgegen der landläufigen Meinung ist Sex kein wirklich gutes Mittel, einen Streit zu beenden. Sex nach einem Streit kann durchaus leidenschaftlich sein und befreiend wirken, doch schon nach kurzer Zeit wird sich wieder die gleiche Unzufriedenheit einstellen, und es werden die gleichen Masken der Vergangenheit auftauchen und den Frieden stören.

Die befreiende Wirkung von Sex
hält nicht lange an. Sex beendet keinen Streit,
körperliche Liebe schon.

Wie kommen wir aber nun zu dieser körperlichen Liebe?
Das geht nur, wenn wir uns wieder einlassen, was nicht gerade leicht ist, weil man nicht selten befürchtet, das Gesicht zu verlieren.

Mir persönlich hat selbst im größten Streit immer der folgende Gedanke geholfen:
Da ich davon ausgehen konnte, mich irgendwann wieder mit Michaela auszusöhnen, war mir klar, dass wir

früher oder später wieder friedlich und voller Liebe beieinander liegen würden. Aus dieser Sicht wäre es doch Blödsinn, den Streit unnötig in die Länge zu ziehen. Schließlich geht es mir dabei auch nicht gerade gut. Ich könnte also gleich signalisieren, dass ich unter Umständen, vielleicht mal so ganz vage angedacht, durchaus einverstanden wäre, die gemeinsame Liebe wieder zu suchen.

Die schnellste Art, einen Streit zu beenden, alte Muster aufzulösen und zur gemeinsamen Liebe zurückzukehren, ist das gemeinsame Suchen nach der Liebe.

Das tun wir, indem wir uns einfach mal zusammen hinlegen, ohne gleich loszulegen. Indem wir uns erst einmal anschauen und spüren, was überhaupt an Gefühlen vorhanden ist. Mit Sicherheit gibt es nach einem partnerschaftlichen Gewitter jede Menge Wut, Zorn, Aggressionen, Trauer und Widerstände. Anfangs wird es vielleicht sogar unangenehm sein, sich anzuschauen. Wir spüren mächtige Blockaden, die verhindern, dass wir uns überhaupt einlassen wollen. Aber wenn wir uns gemeinsam hinlegen und für eine Weile in die Augen schauen, können wir nicht länger ausweichen. Wir beginnen, uns wieder aufeinander einzulassen. Es ist die beste Art, vollkommen ehrlich zueinander zu sein.

Wenn wir nebeneinanderliegen, werden sich mit Sicherheit zunächst innere Widerstände zeigen, wir werden uns unbehaglich fühlen und die Situation ins Lächerliche ziehen wollen. Doch bereits nach kurzer Zeit werden wir zu einer ganz eigenen Ruhe kommen. Wenn wir uns in die Augen schauen, beginnen irgendwann die Herzen zu reden. Wir erkennen plötzlich,

dass es noch etwas anderes zwischen uns gibt, etwas viel Wesentlicheres als Worte des Rechthabens.
Anfangs werden wir noch sehr behutsam miteinander umgehen, das Vertrauen ist noch nicht zurückgekehrt, und es herrscht noch zu viel Abwehr zwischen uns. Aber der ruhige, beständige Blick in die Augen des anderen offenbart eine tiefere Wahrheit.

Beim Ineinanderschauen
werden wir wieder eins miteinander.

Mit jedem Atemzug spüren wir die reine Gegenwart unseres Partners. In diesem schweigenden Blick strömt etwas von tiefem Wissen. Da gibt es Einverständnis, Staunen, Liebe, Dankbarkeit und Freundschaft.
Wenn man sich in dieser Phase zu streicheln oder küssen beginnt, wird man vielleicht noch tastend und vorsichtig sein. Aber wenn man nichts erzwingen will, wenn man völlig absichtslos bleibt, geschieht etwas Wundervolles. Der Körper beginnt, sich immer mehr zu entspannen, und man taucht in beständiger Langsamkeit wieder in die Partnerschaft ein – und damit in den Fluss der Liebe.
Noch wird man vielleicht die Schmerzen spüren, die Trauer oder das Gefühl von Unrecht. Aber es gibt jemanden, der versteht. Der alles weiß. Der ebenso empfindet. Wir gehen nicht allein durch diesen Schmerz. Wir beginnen wieder, unser Leben mit jemandem zu teilen. Wir geleiten uns durch alle Trauer, durch alle Widerstände. Wir fühlen uns geborgen und

aufgehoben. Wir nehmen unseren Partner wahr. Wir nehmen uns wahr.

> BEI DER KÖRPERLICHEN LIEBE KOMMEN ALTE
> VERLETZUNGEN NACH OBEN UND LÖSEN SICH AUF.
> BEIM SEX BEHALTEN WIR SIE.

Beim Sex sind wir meistens mit uns selbst beschäftigt, bei der körperlichen Liebe mit unserem Partner, darin liegt der Unterschied. Wir spüren die kraftvolle Energie der Liebe, die uns mit ihm verbindet. Wir spüren, warum wir mit diesem Menschen unser Leben und unsere Liebe teilen wollen.
Die Liebe durchdringt uns in jeder Pore des Seins und hebt uns auf andere Ebenen. Wir fühlen uns plötzlich wieder wertvoll. Schließlich sind wir es, der die Liebe in unserem Partner zum Schwingen bringt. Er braucht uns, um in dieser Liebe zu wachsen. Erst durch uns verwirklicht er sich in dieser Liebe und bringt sie zum Ausdruck.

> BEI DER KÖRPERLICHEN LIEBE GEHT DIE
> VERBINDUNG ZUM PARTNER ÜBER DAS HERZ,
> BEIM SEX ÜBER DAS GESCHLECHT.

Wenn ein Paar wirklich bereit ist, sich gegenseitig zuzulassen, kann es gemeinsam Erfüllung finden. Wenn wir uns wieder einmal im Alltag verlieren, kann uns

Sex nicht aus diesem Zustand befreien, sondern nur die Liebe. Wenn wir warten, bis Frieden einkehrt und nur noch die Herzen reden, werden wir mit Sicherheit als Nebeneffekt auch noch unglaublich aufregenden Sex haben.

Liebe und Sex begegnen sich nicht immer, aber wenn sie sich treffen, sind wir so erfüllt, dass sich unser ganzes Wesen ändert. Zumindest für die Dauer dieses Lebens.

Wenn wir nichts erwarten, nicht vergleichen und einfach nur den Moment genießen, wenn wir loslassen und uns – ohne bestimmte Vorstellungen – auf unseren Partner einlassen, wenn wir einfach nur das wahrnehmen, was ist, wenn wir nichts vortäuschen, nichts bezwecken, nichts fordern, sind wir sehr nah an der Pforte der Liebe. Die natürlich durchaus im Bett Ausdruck finden kann.

Wenn wir kein bestimmtes Programm durchspielen wollen, keine feste Vorstellung vom Ablauf haben, sondern uns einfach nur auf die Bedürfnisse des Partners einlassen, ihn beobachten und wahrnehmen, entsteht Nähe. Dort, wo wir die Nähe zu unserem Partner spüren, wird sehr oft auch die Liebe zu ihm zu finden sein.

Aber das ist mehr als nur Sex. Das ist dann tief erfüllender Sex. Tief erfüllender Sex ist körperliche Liebe. Und körperliche Liebe wird uns auch noch im Alltag auf eine beglückende Weise tragen.

Deswegen sollten wir, wenn wir die Kraft der Liebe spüren wollen, immer wieder beim Sex auch die körperliche Liebe suchen. Nicht immer, das würde den

Spaß am Sex völlig verderben. Aber immer wieder. Denn körperliche Liebe ist das beste Mittel, die Liebe zurückzuholen und sie zu bewahren.

Gerade im Streit und bei großer Unzufriedenheit können wir durch das bloße Beieinanderliegen und In-die-Augen-Schauen eine vollkommen neue und befreiende Erfahrung machen.

WIR WERDEN SO GELIEBT, WIE WIR SIND.

V
21 Wege, die Liebe einzuladen und zu bewahren

Wenn das Herz regiert, gibt es nichts mehr, was wir ändern müssten.
Wenn das Herz regiert, ist alles gut.

1. Mit den Augen der Liebe

*Wenn du glaubst, keine Liebe zu empfangen,
betrachte die Wahrheit,
die dir zeigen könnte,
wie reich beschenkt du bereits bist.*

Mit den Augen der Liebe betrachten wir die Dinge oft völlig anders. Entspannter, glücklicher, beseelter, zufrieden lächelnd. Doch oft ist uns der liebevolle Blick versperrt, weil wir uns mit anderen vergleichen, und dann geht es uns seltsamerweise meistens schlechter. Wir fühlen uns vom Schicksal ungerecht behandelt. In unseren Augen haben schließlich die anderen stets den besseren Beruf, die schönere Wohnung und den tolleren Partner. Ihr Leben scheint aufregender zu sein als das unsere. Sie haben häufiger Sex, mehr Geld, mehr Freizeit und sind ganz offensichtlich glücklicher als wir. Kein Wunder, dass wir uns in einer solchen Welt ungeliebt und zurückgewiesen fühlen und zu der Überzeugung gelangen, dass sie nicht für uns gemacht ist. Aber ist das, was wir sehen, wirklich die Wahrheit? Oder werden wir vom Schicksal vielleicht gar nicht so ungerecht behandelt? Vielleicht sind wir sogar ein Glückspilz, ohne es bisher erkannt zu haben.

Die folgenden Gedanken können dir helfen, wieder etwas Zufriedenheit in dein Leben zu bringen und die Realität zurechtzurücken. Beobachte einmal, wie es dir beim Lesen des folgenden Textes geht:

Wenn man die Weltbevölkerung auf ein 100 Seelen zählendes Dorf reduzieren könnte und dabei die Proportionen aller auf der Erde lebenden Völker beibehalten würde, wäre dieses Dorf folgendermaßen zusammengesetzt:

57 Asiaten,
21 Europäer,
14 Amerikaner (Nord-, Zentral- und Südamerikaner),
8 Afrikaner.

Es gäbe:
52 Frauen und 48 Männer,
30 Weiße und 70 Nicht-Weiße,
30 Christen und 70 Nicht-Christen,
89 Heterosexuelle und 11 Homosexuelle.

6 Personen besäßen 59% des gesamten Reichtums, und alle 6 kämen aus den USA,
80 würden in maroden Häusern leben,
70 wären Analphabeten,
50 würden an Unterernährung leiden,
1 Person wäre dabei zu sterben,
1 stünde kurz vor der Geburt,
1 besäße einen Computer,
1 (ja, nur eine) hätte einen Universitätsabschluss.

Wenn du heute Morgen aufgestanden bist und eher gesund als krank warst, hast du ein besseres Los gezogen als die Millionen Menschen, die nächste Woche nicht mehr erleben werden.

Wenn du noch nie in der Gefahr einer Schlacht, in der Einsamkeit der Gefangenschaft, im Todeskampf der Folter oder im Schraubstock des Hungers warst, geht es dir besser als 500 Millionen Menschen.

Wenn du zur Kirche gehen kannst, ohne Angst haben zu müssen, bedroht, gefoltert oder getötet zu werden, hast du mehr Glück als 3 Milliarden Menschen.

Wenn du Essen im Kühlschrank, Kleider am Leib, ein Dach über dem Kopf und einen Platz zum Schlafen hast, bist du reicher als 75% der Menschen dieser Erde.

Wenn du Geld auf der Bank, in deinem Portemonnaie und im Sparschwein hast, gehörst du zu den privilegiertesten 8% dieser Welt.

Wenn deine Eltern noch leben und noch verheiratet sind, bist du schon wahrlich eine Rarität.

Wenn du diese Seite lesen kannst, bist du ebenfalls gesegnet, weil du nicht zu den zwei Milliarden Menschen gehörst, die nicht lesen können.

Mit uns geschieht meist etwas Erstaunliches, wenn wir diesen Text lesen. Uns geht es nämlich irgendwie besser. Wir fühlen uns geborgener und beschützter, obwohl sich in unserem Leben in diesen zehn Minuten

nichts verändert hat, betrachten wir unsere Lage nicht mehr so pessimistisch.
Diesen Text könnten wir endlos weiterführen.
Wenn du heute Morgen neben deinem Partner aufgewacht bist, geht es dir besser als Millionen von Singles, die sich nichts sehnlicher wünschen, als nicht mehr allein zu schlafen.
Wenn du in Urlaub fahren kannst oder die Freiheit besitzt, jedes Land der Welt zu bereisen, wenn du ein Telefon dein Eigen nennst, einen Fernseher oder einen Kühlschrank, vielleicht sogar ein Auto, wenn du nicht kilometerweit zu gehen brauchst, um an Trinkwasser zu kommen, wenn dir nicht vorgeschrieben wird, wen du heiraten sollst ... dann fühle dich gesegnet, denn du gehörst zu der Minderheit in dieser Welt, der es außergewöhnlich gut geht.

Natürlich hören wir immer wieder, dass wir uns nicht vergleichen sollen. Wir sollen unser eigenes Leben führen, unseren eigenen Weg gehen. Das ist durchaus richtig. Sich mit anderen zu vergleichen macht uns meist unglücklich. Aber manchmal hilft uns der vergleichende Blick. Denn oft verlieren wir die Liebe zu uns selbst, weil wir vergessen, wie reich wir vom Schicksal bereits beschenkt werden. Oft verdeckt unser eigener, mit Scheuklappen behafteter Blickwinkel die tatsächlich stattfindende Wahrheit.

Vergleichen kann uns also helfen,
wieder mit der Liebe in Kontakt zu kommen.

Wir erkennen plötzlich, dass wir sogar bevorzugt behandelt werden. Dass wir im Vergleich zu den meisten anderen auf dieser Welt vom Schicksal auf wundervolle Weise gestreichelt werden. Wir haben es nur noch nicht gesehen. Aber es ist in der Tat so, wir werden geliebt.

Wenn du dich also wieder einmal mit anderen zu vergleichen beginnst, dann vermeide den Blickwinkel des scheinbaren Mangels und betrachte die Dinge aus der Fülle, die tatsächlich stattfindet. Innerhalb kürzester Zeit wird sich ein Gefühl von Ruhe und tiefer Zufriedenheit einstellen. Liebe entsteht immer von innen und aus der wirklichen Bereitschaft, die Welt mit einem liebevollen Blick zu betrachten. Wenn wir erkennen, wie glücklich wir uns bereits schätzen können, gehen wir mit etwas mehr Demut und Dankbarkeit an unser Leben heran.

DANKBARKEIT IST DIE ERSTE VORSTUFE DER LIEBE.

2. In der Stille liegt die Kraft

Wenn endlich Stille einkehrt, ist alles gewonnen.
Dann beginnen unsere Sinne zu reden,
und wir erfahren, wer wir wirklich sind.

Wir sind die Stille nicht gewohnt. Die meisten von uns haben verlernt, der Stille zu vertrauen. Wir fühlen uns manchmal regelrecht verloren, wenn Ruhe einkehrt. Und nicht selten fürchten wir uns sogar, wenn es zu still wird.

Umgeben von der Hektik und dem Lärm des Tages dröhnt auch nachts der Fernseher. Wir telefonieren, chatten, mailen oder lassen uns berieseln. Wir hetzen von einer Aktivität zu nächsten, besuchen Veranstaltungen, treffen Freunde und vergessen dabei völlig, uns genügend Zeit für uns selbst und unseren Partner zu nehmen.

In unserer Freizeit benötigen wir immer mehr die Schnelligkeit, die Anspannung und die Rastlosigkeit und können nicht mehr abschalten. Viele wollen dies auch nicht mehr zulassen. Sie haben Angst, sich in der Stille zu verlieren und fürchten die Erschöpfung und die Einsamkeit, die in der Ruhe entstehen könnte.

Die Stille ist nämlich auch ein Innehalten. Ein Beleuchten der eigenen, tieferen Wahrheit.

Wer bin ich wirklich?
Und bin ich wirklich dort, wo ich sein will?
Das Nachgehen dieser Fragen kann Angst einflößen.
Am meisten befürchten wir, dass wir in der eigenen
Tiefe nichts finden werden. Wir befürchten, dass, wenn
unser Leben so oberflächlich verläuft, wir es tief in uns
selbst auch sind.
Dabei verdrehen wir die Wahrheit komplett. Wir finden im Leben und in der Partnerschaft meist nur deswegen so wenig Erfüllung, weil wir es vermeiden, in die eigenen Tiefen zu gehen. Wir verharren also an der Oberfläche und beklagen gleichzeitig den Mangel an Tiefe.

> TIEFE ENTSTEHT NUR IN DER EIGENEN STILLE.

Wenn wir nicht immer wieder allein in die Stille zurückkehren, verlieren wir uns zwangsläufig in den Turbulenzen des Alltags. Solange wir immer nur der Schnelligkeit der äußeren Reize nachgeben, werden wir auch die Liebe zu unserem Partner immer seltener spüren und irgendwann glauben, sie für immer verloren zu haben. In Wahrheit entfernen wir uns jedoch immer stärker von uns selbst und unserem wahren Wesenskern.

> WIR SIND NICHT VERLOREN.
> WIR HABEN UNS NUR AUS DEN AUGEN VERLOREN.

Und weil wir immer weniger wissen, wer wir sind und was wir eigentlich wirklich wollen, suchen wir nach Ratgebern. Wenn wir aber nicht die Wahrheit in uns selbst suchen, sondern wahllos übernehmen, was andere zu sagen haben, werden wir nie unser eigenes Leben leben, sondern immer nur das der anderen. Oft wissen wir nämlich sehr genau, was andere wollen, haben aber nur wenig Ahnung von dem, was wir wollen. Was nützt es uns, all die Lehren und Regeln anderer zu lesen, zu studieren oder zu kopieren, wenn sie nicht mit unseren eigenen Wahrheiten übereinstimmen?

Finde immer deinen eigenen Weg. Versuche nicht, in die Fußstapfen anderer zu treten. Nachzuahmen und alles zu kopieren lässt dich nie bei dir selbst sein, sondern immer nur im Vergleich.

Versucht auch nicht als Paar, andere Paare zu kopieren. Lebt euer eigenes Leben.

NUR WER SEINEN EIGENEN WEG
GEFUNDEN HAT, WIRD AUCH MIT SEINEM PARTNER
EIGENE WEGE FINDEN.

Von Zeit zu Zeit sind wir gefühlsmäßig mehr bei unserem Partner als bei uns. In einer gesunden Beziehung gleicht sich das jedoch immer wieder aus. Mal ist der Partner mehr bei uns, mal sind wir stärker bei ihm. Sind wir aber öfter bei unserem Partner als bei uns selbst, verlieren wir unseren eigenen Rhythmus. Wir verlieren unsere Identität, bis wir nichts mehr zu geben haben. Ohne eigene Persönlichkeit fühlen wir

uns selbst nicht mehr. Wir verlieren den Kontakt zu uns.
Versuche deshalb immer wieder, für einige Zeit allein zu sein. Die Stille ist ein kraftvoller Ort. Wenn man einmal gelernt hat, der eigenen Stille zu vertrauen, wird man diesen inneren Frieden zu allen Zeiten und überall finden. Tankst du nicht regelmäßig auf, hast du nichts, was du teilen kannst. Der Tank läuft leer. Du fühlst dich unzufrieden und ausgenutzt.

Nur in der Stille finden wir unseren eigenen Weg. Suche in dir selbst, und du wirst Antworten finden, schließlich sieht jeder Mensch die Wahrheit mit anderen Augen. Bewahre dir deinen eigenen Blick. Alles ist bereits in dir angelegt. Alles läuft nach deinem inneren Plan. Auch in deiner Partnerschaft ist bereits alles vorhanden.
Wir müssen uns nur gegenseitig entdecken, um den tieferen Sinn herauszufinden. Aber diesen entdecken wir nicht mit Worten. Den tieferen Sinn finden wir nur, wenn wir in die Stille gehen, die gemeinsame Kraft entdecken und begreifen, warum sich unser Herz in diesem Partner wiedergefunden und ihn als Begleiter durch dieses Leben ausgesucht hat.
Es gibt etwas, das uns verbindet. Etwas, das größer ist als das tägliche Geplänkel.

> ERST IN DER STILLE FINDEST DU DIE LIEBE ZU DIR
> UND DAMIT ZU DEINEM PARTNER.

3. Das Geschenk des Schenkens

*Wer nicht schenkt,
nimmt sich selbst ein Stück Lebensfreude.*

Wenn Paare bereits längere Zeit ihre Liebe teilen, dann vereinbaren manche von ihnen, sich nichts mehr gegenseitig zu schenken. Sie haben ja schon alles, was sie benötigen. Auf den ersten Blick scheint hinter diesem Gedanken etwas sehr Richtiges zu stecken. Wenn man als Paar wirklich alles besitzt, hat es wohl wenig Sinn, mit Gewalt Geschenke zu erzwingen. Aber dabei übersieht man gern das Wichtigste. Beim Schenken geht es gar nicht um materielle Güter.

Im Schenken liegt
vor allem der Ausdruck von Liebe.

Durch das Schenken danken wir unserem Partner und zeigen ihm, dass wir in Wahrheit selbst die Beschenkten sind. Seine Präsenz, seine Geduld, seine Entscheidung, mit uns das Leben zu teilen, ist sein Geschenk an uns, das mit keinem Konsumgut der Welt aufzuwiegen ist. Dem Partner etwas zu schenken bietet immer die

Chance, ihm zu zeigen, was man tief in seinem Herzen empfindet. Ob das Geschenk groß oder klein ist, spielt dabei keine Rolle, es ist die Geste der Dankbarkeit, die den Partner erfüllt.

Vielleicht besitzt der Partner wirklich genug materielle Dinge, aber von unserer Liebe, unserer Annerkennung, dem Zeichen von Zuwendung und Dankbarkeit benötigt er wahrscheinlich mehr, als wir ahnen. Gerade in Partnerschaften, die schon länger Bestand haben, ist der Hunger nach Zuneigung gewaltig.

Wenn unser Partner nicht noch ein Parfum, eine Krawatte, einen DVD-Player oder Bücher geschenkt bekommen möchte, ist das sicherlich verständlich, aber unsere Liebe würde er nur zu gern entgegennehmen.

Sich nichts zu schenken mag scheinbar folgerichtig sein. Aber auch fatal. Auf diese Weise nimmt man sich selbst und seinem Partner ein Stück Lebensfreude. Oft ist der Verzicht, sich gegenseitig zu beschenken, nur ein Zeichen von Fantasielosigkeit. Aus mangelndem Interesse und Zeit vereinbart man deshalb der Einfachheit halber, diese »gewissen« Anlässe im gegenseitigen Einverständnis zu ignorieren. Paare, die sich nichts mehr schenken, erleben daher Geburtstage und Heiligabende als ganz normal und alltäglich. Und daher gibt es gerade an diesen besonderen Tagen auch ein kleines Stückchen an Trauer.

Sich konsequent und durch und durch praktisch zu verhalten schließt eben manchmal das wundervolle Erleben von Liebe aus. Und diesen Mangel spüren beide.

Auch wenn wir noch so oft beteuert haben, dass man

uns nichts zu schenken bräuchte, so kommen wir doch alle nicht ohne die Momente der gegenseitigen Anerkennung aus. Den enervierenden Alltag, die gegenseitige Gleichgültigkeit, die ständigen Forderungen erleben wir schließlich zur Genüge. Oft genug zeigen wir unserem Partner, wie belastend wir die Beziehung finden, wie viel Kraft wir dafür aufwenden und auf was wir alles seinetwegen verzichten müssen. Aber viel zu selten zeigen wir dagegen, wie glücklich wir uns schätzen, unseren Partner an unserer Seite zu haben und seine Liebe zu empfangen. Dabei ist dies eines der größten Geschenke, die uns unser Partner machen kann. Er schenkt sich uns durch seine Person. Wenn wir uns dies immer wieder ins Gedächtnis rufen, würden wir vielleicht in vielen Dingen anders handeln.

Die Verweigerung von Schenken mag vernünftig sein, praktisch und bequem, die Liebe aber kennt keine Vernunft. Sie kennt nur Freude, die aus dem Augenblick heraus entsteht. Bleiben diese Augenblicke der Freude aus, verflüchtigt sich allmählich das tief verbindende Gefühl von Liebe. Man führt dann vielleicht eine Beziehung, die von Vernunft getragen ist, aber nicht von Liebe.
Warum also die Möglichkeit verstreichen lassen, wieder ein kleines Stückchen vom gemeinsamen Glück in die Partnerschaft zu bringen? Es ist nicht das Geschenk, es ist die Liebe, die man durch das Geschenk zum Ausdruck bringt.
Es zeigt dem Partner, du bist wichtig in meinem Leben. Ich freue mich, dass es dich gibt. Ich mache mir auch Gedanken um dich, wenn wir nicht zusammen sind.

Manchmal ist die größte Überraschung für den Partner, dass man sich einen beiläufig geäußerten Wunsch über längere Zeit gemerkt hat. Manchmal sind es die Schwierigkeiten oder die Umstände, die man gemeistert oder auf sich genommen hat, um den Partner zu überraschen, die das Geschenk so wertvoll machen. Und manchmal ist es nur ein winzig kleiner Hinweis, den wir aufgefangen haben. Und das zeigt unserem Partner, ich nehme jede einzelne Geste von dir wahr.

Meine 13-jährige Tochter zum Beispiel schenkt mir oft eine Blume. Eine Rose, die sie von ihrem Taschengeld für mich kauft und mit strahlenden Augen auf meinen Schreibtisch stellt. Diese kleine Blume ist der Ausdruck ihrer wundervollen Liebe, die sie für mich empfindet. Und jedes Mal, wenn ich die Blume auf meinem Tisch betrachte, was ziemlich oft am Tag geschieht, bin ich zutiefst gerührt und erfüllt von dieser Liebe.
Auch ich besitze viele materielle Dinge. Vor allem Blumen könnte ich mir jederzeit selbst zur Genüge kaufen. Aber niemals diese eine Blume, die auch jetzt wieder auf meinem Schreibtisch steht und mir etwas von der wundervollen Liebe meiner Tochter vermittelt.
Das Beeindruckende daran ist aber die Freude, die sich auf ihrem Gesicht zeigt, wenn sie mir die Rose überreicht. Denn …

… SCHENKEN BESCHENKT UNS VOR ALLEM SELBST.

Wenn wir schenken, machen wir uns auch selbst glücklich. Wir spüren bereits beim Planen und Besorgen die Freude, die uns erfasst. Wir denken voller Liebe an unseren Partner. Wir sehen bereits sein Lächeln und sein überraschtes Gesicht vor uns, wir sind aufgeregt und bringen uns wesentlich stärker in die Partnerschaft ein. Wir sind wieder eins und verbunden, empfinden uns wieder als Paar. Wir fühlen uns glücklich in der Liebe. Dabei kommt es natürlich immer darauf an, auf welche Art und Weise wir schenken. Ist das Geben nur eine mühselige Last oder eine Forderung, der wir nachkommen müssen, wird die Freude weder beim Beschenkten noch bei uns sehr groß sein. Beide werden die Pflicht hinter dem Geschenk erkennen.
Je größer das Geschenk scheinbar sein *muss*, desto stärker versuchen wir, damit etwas zu übertünchen. Wenn das Geschenk als Beweis der Liebe gelten soll und an der Größe gemessen wird, wird einem das Schenken wahrlich schwerfallen, denn für die Liebe gibt es keine Beweise.

Macht es uns aber Spaß, dem Partner eine Freude zu bereiten, wird sich diese Freude – egal wie groß oder klein das Geschenk auch sein mag – auf ihn übertragen und wieder zu uns zurückkehren.
Wenn wir jede Möglichkeit nutzen, auch wenn sie noch so klein ist, andere zu beschenken, dann wird unser Leben selbst zu einem Geschenk.

4. Danken ist eine Ausdrucksform von Liebe

*Sich zu bedanken
ist die positivste Bejahung,
die wir einem Menschen entgegenbringen können.*

Wenn wir beginnen würden, all das aufzuschreiben, wofür wir unserem Partner eigentlich danken müssten, würde uns die bereits bestehende Fülle in der Partnerschaft ziemlich schnell bewusst werden. Alles, was er für uns in der Vergangenheit getan hat oder heute noch tut, käme auf diese Liste.
Der erste Kuss ebenso wie das Wegräumen des Geschirrs. Die Zeit, die er für uns freischaufelt, die verständnisvollen Gespräche und der Spaziergang am Abend. Das Zubereiten des Frühstücks, das Nachräumen der Socken, das Reparieren des Toasters, das gemeinsame Anschauen eines Films, das Einkaufen, das Ausfüllen der Steuerklärung, das Betreuen der Hausaufgaben der Tochter, das Chauffieren zum Fußballtraining des Sohnes, der Ausflug zu den Eltern, der kleine Anruf zwischendurch, das Gesundpflegen, wenn wir krank sind, das Säubern der Wohnung, das Abgeben der Urlaubfotos, das Zubereiten des Essens, das Abholen vom Bahnhof ... Wahrscheinlich würde ein einziger Zettel für die Fülle dieser ganzen Tätigkeiten gar nicht ausreichen.

Der Mensch, der uns umgibt,
tut so viel für uns, dass wir vieles davon
gar nicht mehr wahrnehmen.

Würden die meisten dieser Dinge nicht mehr stattfinden, würde unsere kleine Partnerschafts-GmbH ziemlich bald zusammenbrechen. Dennoch sind die meisten von uns mit ihrer Beziehung nicht wirklich zufrieden. Viele Dinge in ihrer Partnerschaft stören sie.

Würde man jedoch neben der ersten Liste eine zweite hinzufügen, in der man all das hineinschreibt, was man wirklich vermisst, wird man wahrscheinlich überrascht feststellen, dass der Mangel in der Beziehung wesentlich kleiner ist als die Fülle, die einen umgibt. Oft fehlt einem nicht wirklich viel. Aber weil wir unser Augenmerk meist nur auf den Mangel in unserer Beziehung richten, nehmen wir natürlich auch diesen wesentlich deutlicher wahr. Daher kritisieren und nörgeln wir gern herum. Allerdings erreichen wir damit nur das Gegenteil von dem, was wir wollen.

Statt dass die Beziehung immer besser wird, verschlechtert sich die Qualität der Partnerschaft zunehmend. Kein Wunder. Denn statt unserem Partner zu zeigen, wie wichtig er für uns ist und wie dankbar wir ihm sind, bekommt er von uns nur zu spüren, wie unzulänglich wir ihn eigentlich empfinden. Statt uns für seine Leistungen erkenntlich zu zeigen, setzen wir sie einfach stillschweigend als selbstverständliches Mindestmaß voraus und intensivieren sogar noch unsere Forderungen. Auf diese Weise bekommt unser Partner jedoch überhaupt keine Anerkennung mehr für sein Handeln. Ohne Anerkennung verliert aber alles an Lebensfreude. Die Partnerschaft wird dann nur noch zu einem Abhaken von Verpflichtungen. Kein Ort, der wirklich Spaß macht.

Wenn wir uns dagegen bedanken, auch für die kleinen, »selbstverständlichen« Dinge, füllen wir die Partnerschaft wieder mit Energie. Wir bringen wieder Achtung, Annerkennung und vor allem Leichtigkeit in die Beziehung.

> DANKEN BRINGT WIEDER LEBENSFREUDE
> IN DIE BEZIEHUNG.

Es macht wieder Spaß, etwas für den anderen zu tun.
Wir fühlen uns in unserem Tun geachtet.
Erinnere dich einfach an die Anfänge deiner Partnerschaft. Da war alles außergewöhnlich, jeder Handgriff, jede Geste, jede Kleinigkeit wurde bemerkt und erwidert. Beide fühlten sich angenommen, beide waren wichtig für den anderen.

> WENN WIR ZU DANKEN BEGINNEN,
> DANN BEGINNEN WIR ZU LIEBEN.

Wenn wir uns nun nicht »nur« für die kleinen Dinge bedanken, sondern dafür, dass unser Partner bei uns ist, dass er sein Leben mit uns teilt, dann nehmen wir ihn bedingungslos an. Mit dem Danken beginnen wir den anderen zu bejahen. Er ist wertvoll für uns. Wir lassen ihn wissen, dass wir durchaus bemerken, wie viel er für uns leistet. Tag für Tag, Woche für Woche, Jahr für Jahr. Wir zeigen ihm, dass er etwas ausmacht in unserem Leben. Dass unser Leben dank seiner Hilfe und Anwesenheit anders verläuft. Einfacher, schöner, leichter, wertvoller.

DANKEN IST DER GRÖSSTE ANSPORN.

Durch Danken beginnen wir unseren Partner anzunehmen, und zwar so, wie er ist. Auf diesem Feld der Gefühle ist alles möglich. Auch das Renovieren der Beziehung. Denn Danken vermehrt das Gewünschte. Danken vermehrt vor allem die Fülle in der Beziehung. Allein aus diesem Grund werden wir die Liebe wieder schnell in unser Leben ziehen.
Du wirst dich vielleicht wundern, aber durch die kleinsten Dinge geschehen manchmal die größten Dinge.

5. Rituale bilden ein sicheres Fundament

*Rituale sind die Eckpfeiler einer jeden Beziehung.
Nur wer sein Leben selbst in die Hand
nimmt und es formt,
hat Freude daran.*

Achte einmal darauf, wie du deinen Tag beginnst. Stehst du viel zu spät auf und bist dann hektisch und unter Zeitdruck? Oder beschenkst du dich bereits am frühen Morgen mit einem entspannten Frühstück? Duschst du geistesabwesend, oder erfreust du dich ganz bewusst am Wasserstahl? Liest du gleich am Morgen die Zeitung und belastest dich mit dem Unglück anderer, oder nimmst du deinen Kaffee noch einmal mit ins Bett, um ruhig und entspannt mit deinem Partner den Tag zu beginnen?

Jeder von uns formt sein Leben selbst und gibt ihm die Gestalt, die er als richtig empfindet. Wir führen also meist ein Leben, das uns entspricht. Auch wenn es uns nicht immer zu gefallen scheint. Dennoch haben wir im Laufe der Jahre unseren ganz eigenen Stil entwickelt. Wir haben unsere ganz eigene Art, aufzustehen, zur Arbeit zu gehen, Essen einzunehmen, die Freizeit zu gestalten oder den Tag zu beenden.

EWIG WIEDERKEHRENDE HANDLUNGEN SIND NICHTS
ANDERES ALS RITUALE.

Sie formen unser Leben und geben ihm Gestalt. Möchten wir ein angenehmes Leben führen, bräuchten wir eigentlich nur darauf zu achten, dass die Mehrzahl unserer Rituale gesund für uns ist. Haben wir dagegen zu viele Rituale, die uns krank machen, werden wir ziemlich bald ein Leben führen, das wir uns nicht wünschen. Wenn unsere täglichen Rituale zum Beispiel darin bestehen, durch das Leben zu hetzen, immer nur alles in der letzten Sekunde zu schaffen, keine Zeit zum Essen zu finden oder abends vor dem Fernseher einzuschlafen, führen wir ein sehr ungesundes Leben, das uns sehr bald keine Freude mehr bereiten wird.

DU BIST, WAS DU ZUM WIEDERHOLTEN MAL TUST.
ARISTOTELES

Wenn wir unsere Partnerschaft einmal genauer beleuchten, werden wir jede Menge Rituale finden. Erstaunlich ist allerdings, dass, je länger ein Paar zusammen ist, umso häufiger schädliche und zerstörerische Rituale auftauchen. Bei den meisten Paaren überwiegen also seltsamerweise die negativen und ungesunden Handlungsweisen. Das lieblose Aufspringen aus dem Bett zum Beispiel ist so ein Ritual, oder das ewige Problemwälzen, das ständige Herumnörgeln, das Essen

vor dem Fernseher, das getrennte Zu-Bett-Gehen, das Verschweigen von Gefühlen etc.
Wie kommen wir aus diesem Trott wieder heraus?
Indem wir neue Rituale einführen. Durch unsere täglichen Rituale geben wir unserem Leben und unserer Partnerschaft eine ziemlich klare Gestalt. Und zwar die, die wir uns wünschen.
Schaffen wir uns immer wieder kleine Freiräume, um bewusst durch den Tag zu gehen, und finden wir mit unserem Partner immer wieder kleine Inseln, um dem Alltagstrott zu entfliehen, werden wir unser Leben als wesentlich lebenswerter empfinden. Wir hören dann auf, nur noch zu reagieren, Dingen nachzuhecheln und uns selbst zu verausgaben. Wir beginnen, unseren Lebensrhythmus selbst zu bestimmen, und schenken dem, was uns wirklich wichtig ist, die gebührende Aufmerksamkeit. Durch Rituale nehmen wir unser Leben wieder selbst in die Hand. Sie sind wie Haltegriffe, wenn sich die Dinge völlig unbeabsichtigt verselbstständigen.

WOLLEN WIR UNSERE BEZIEHUNG AUF SICHERE FÜSSE STELLEN, BRAUCHEN WIR NUR GENÜGEND POSITIVE RITUALE IN UNSERER BEZIEHUNG ZU VERANKERN.

Das gemeinsame Erwachen, Arm in Arm, voller Zärtlichkeit und Nähe, kann so ein Ritual sein, das wir mit in den Tag nehmen. Das gemeinsame Bad, entspannt und wohlig, oder das gemeinsame Lesen auf dem Sofa kann uns immer wieder Frieden und Gelassenheit in der Partnerschaft finden lassen. Das gemeinsame Frühstück, zusammen kochen, das Entdecken neuer Nischen einer gemeinsamen Sinnlichkeit oder das Abendessen bar jeglicher Hektik als Ausklang des Tages.

Rituale sind Inseln der Zuflucht,
in denen wir uns wiederfinden können.

Selbst kleinste Gepflogenheiten haben eine enorm bindende und aufbauende Kraft. Kommt man zum Beispiel zur Begrüßung an die Tür, um seinem Partner Hallo zu sagen und der eigenen Freude Ausdruck zu verleihen? Oder bringt man seinen Partner beim Verabschieden zum Wagen, um ihm oder ihr nachzuwinken?
Fehlen dagegen positive Rituale, werden wir uns mit der Zeit immer mehr verlieren. Wenn wir nicht ganz bewusst Eckpfeiler in unserem Leben aufstellen, werden wir irgendwann vergessen, weswegen wir überhaupt als Paar zusammengekommen sind.
Möchte man also eine Form der Partnerschaft leben, die beiden Partnern entspricht und die beiden helfen soll, sich immer wieder zu finden, sollte man ein paar Rituale einführen, die die Lust an der Partnerschaft aufs Neue wecken. Wobei allein das Ausdenken von Ritualen bereits Freude bereitet.

Rituale schenken der Partnerschaft
Sicherheit und Geborgenheit.
Rituale lassen uns ankommen.

Und vor allem solltet ihr feiern. Besonders die kleinen Dinge des Lebens. Es gibt so viel zu feiern! Das Überwinden der ersten kleinen Krise, die erste gemeinsame Wohnung und den ersten gemeinsamen Jahrestag als Paar. Feiert auch kleine berufliche Erfolge, jede überstandene Prüfung, selbst das Renovieren der Wohnung oder die gelungene Liebesnacht. Es gibt tausend Dinge, denen wir unsere Beachtung schenken können.
Feiert. Und vor allem feiert euch. Und eure Liebe. Je mehr ihr euch selbst feiert, desto mehr wird es zu feiern geben.

6. Wahre Liebe sieht hinter die Masken

Die wahre Liebe,
von allen Projektionen gereinigt,
sieht hinter die Dinge
und begnügt sich mit der Wirklichkeit,
weil sie wundervoller ist
als jeder Schein.

Immer wenn wir uns in der Oberflächlichkeit des Alltags verirren, wenn Streit und Rechthabereien unser Zusammenleben dominieren, wenn wir nicht mehr zu wissen scheinen, wie wir die einstige Stärke der Partnerschaft zurückholen können, sollten wir beginnen, hinter die Masken zu blicken.

Lehne dich einmal ganz entspannt zurück, schließe für einen kurzen Moment die Augen und stelle dir die Person vor, die du am meisten liebst. Lass also für einen kurzen Augenblick das Bild des von dir geliebten Menschen so real wie möglich auf deiner inneren Leinwand entstehen und betrachte ihn in aller Ruhe, wobei deine Grundhaltung immer von einem kleinen Lächeln begleitet sein sollte.
Wie wirkt dieser Mensch auf dich?
Hat er eine sympathische Ausstrahlung? Lächelt er

oder ist er ernst? Wie ist seine ganze Körperhaltung? Steht er auf sicheren Beinen? Hat er genügend Urvertrauen? Oder wirkt er eher unruhig? Wie sehen seine Gesichtszüge aus? Sind sie entspannt, weich und ruhig oder angestrengt? Betrachte auch den Blick seiner Augen? Wirkt er stetig und gelassen oder rastlos und suchend? Milde, wissend oder ängstlich und unsicher?

Stell dir diese Person genau vor und tauche immer tiefer in ihr Wesen ein. Ist sie erfüllt von dem, was sie tut? Ist sie mit sich zufrieden? Oder stellt sie an sich selbst zu hohe Anforderungen? Hat sie Angst? Oder gar Hoffnungen, die sich nicht erfüllten, Sehnsüchte, die sie noch zu erreichen sucht? Wird ihr Leben vom Mangel oder von der Fülle geleitet? Ist sie mit ihrer Umgebung zufrieden? Ist sie ein komplizierter Mensch oder eher einfach?
Tauche immer tiefer in diese Person hinein. Versuche, ihr ganzes Wesen zu erfassen. Wie geht es ihr an deiner Seite? Und wie käme sie ohne dich klar? Ist sie vielleicht sogar abhängig von dir?

Vielleicht wirst du in der Präsenz deiner eigenen Stille Dinge entdecken, die du vorher noch nicht gesehen hast. Ohne den Schleier der Leidenschaft und die Sucht des Begehrens, ohne die Sorge, ihn zu verärgern, oder das Gefühl, nicht zu genügen, wirst du mit Sicherheit vieles klarer und deutlicher sehen.
Lass dir alle Zeit der Welt. Betrachte den von dir so geliebten Menschen in vollkommener Ruhe. Sieh ihm einfach in die Augen und frage ihn in Gedanken: »Wer bist du wirklich?«

Vielleicht wirst du sehen, dass er weniger perfekt ist, als du angenommen hast. Dass er ebenso seine Sorgen und Nöte hat, die er zu vertuschen sucht. Dass er vielleicht nicht das halten kann, was er vorgibt.
Vielleicht wirst du deshalb feststellen, dass du ihn scheinbar weniger liebst. Aber das ist nicht die Wahrheit. Vielleicht glaubst du im ersten Moment, deine Liebe würde nachlassen. Aber in Wahrheit nimmt deine Liebe zu. Sie bleibt nur nicht länger an der Oberfläche haften, sondern wandert tiefer.
Es geht nicht mehr um das gegenseitige Befriedigen von Bedürfnissen oder um den Austausch von Worten. Du beginnst, seine Leiden zu erkennen, seine Ängste und Hoffnungen. Du erkennst sie, weil sie auch Teil von dir sind. Du kannst seine Beweggründe spüren. Sie haben Ähnlichkeit mit deinen. Sie sind dir vertraut und nah. Vielleicht hat er in vielen Dingen genauso viel Angst wie du. Vielleicht hat er ebenso Sorge, dir nicht genügen zu können oder dich gar zu verlieren.

Je länger du ihn in aller Ruhe und ohne jegliche Bewertung betrachtest, desto mehr Mitgefühl und Verständnis wird sich entwickeln. Jetzt, wo du beginnst, ihn wirklich wahrzunehmen, geschieht meist etwas Seltsames. Die Lage entspannt sich. Deine Liebe wird von allen Projektionen gereinigt. Die Liebe wird gesünder, klarer, ehrlicher. Du beginnst ihn plötzlich auf eine völlig neue Weise zu lieben.
Gib diesem Gefühl Raum und spüre, wie alles einfacher wird. Wenn du die Handlungsweisen deines Partners verstehst, beginnst du auch, all seine Schwachpunkte immer mehr zu akzeptieren.

> JE MEHR DU DEINEN PARTNER ANNIMMST,
> DESTO MEHR KANNST DU DICH SELBST ANNEHMEN.

Was hat sich geändert? Erst in der Stille sind wir in der Lage, die körperlichen Süchte und Leidenschaften und all unsere Ängste abzulegen. In der Stille der Gedanken ist die Liebe reiner und wahrer geworden, weil alle Versteckspiele und Vorbehalte ein Ende gefunden haben. In der Tiefe der eigenen Stille begegnen sich zwei Seelen, berühren sich und erkennen sich gegenseitig.
Wenn du dich wieder einmal im Wirrwarr der Gefühle verloren zu haben scheinst, lehne dich ruhig und entspannt zurück und betrachte deinen Partner. Dann wird sich auch die Lage entspannen. Vielleicht werden dir vor lauter Mitgefühl Tränen in die Augen steigen. Vielleicht wirst du deinen Partner lieben, weil du erkennst, dass er ebenso wenig perfekt ist wie du und seine Abgründe sehr verwandt mit den deinen sind.

Mit Sicherheit wirst du wahrnehmen, dass hinter jedem Streit, hinter jeder Wut immer nur die Liebe zu finden sein wird, die irgendwie zu kurz gekommen ist.
Aber das Wesentlichste ist, dass die Liebe, die dich in der Tiefe berührt, eine ganz andere Qualität besitzt als das Erhaschen von schneller Oberflächlichkeit. Die Liebe hinter den Masken verbindet dich mehr mit deinem Partner, als alle Liebesbeweise es jemals könnten.
Und bedenke, dass Liebe immer ein Gefühl ist, das tief aus deinem Inneren heraus entsteht. Das Lesen dieses Kapitels kann vielleicht viel in dir bewirken. Aber ein

wirklich tieferes Verständnis wird sich erst entwickeln, wenn du jetzt einfach mal die Augen schließt. Egal wo du gerade bist. In der Straßenbahn, im Wartezimmer deines Arztes oder zu Hause in deinem Bett.
Schließe die Augen und stelle dir deine geliebte Person vor.

7. Wem ist damit gedient?

*Eine einzige Frage,
zur rechten Zeit,
kann unser ganzes Leben verändern.*

Wem dient es, wenn man Recht hat, einen Streit in die Länge zieht oder unfreundlich ist? Wem dient es, wenn man sich gegenseitig lieblos behandelt? Wem ist damit gedient, wenn man heimlich eine Affäre beginnt? Wem nützen die Dinge, die wir in der Partnerschaft tun oder manchmal ganz bewusst unterlassen?

»Und wem dient es?«
Diese Frage wurde mir vor vielen Jahren von einem guten Freund gestellt, als ich mich – übrigens vollkommen zu Recht! – beleidigt und betroffen zurückgezogen hatte. Aber diese kurze Frage hatte mich ebenso überrascht wie entwaffnet. Denn nach kurzem Überlegen konnte die Antwort nur lauten: niemandem. »Welchen Sinn hat es dann, an diesem Verhalten festzuhalten?«, war die zweite Frage, die er mir stellte. Als mir die Tragweite dieser Frage bewusst wurde, erkannte ich plötzlich die Sinnlosigkeit meines Handelns.

Oft tun wir Dinge in unserer Beziehung, die wir im Nachhinein selbst nicht mehr verstehen. Wir verwei-

gern die Liebe, geben uns für lange Zeit unversöhnlich, schüren einen Streit, bis das Fass überläuft, nehmen Rache, suchen einen Ausgleich, blocken Gefühle ab, halten die Wahrheit zurück, betrügen, lügen und glauben, für alles einen guten Grund zu besitzen.
Aber spätestens bei der Frage »Wem ist damit gedient?« verlieren all diese Scheingründe ihre Kraft. Gehen wir nämlich allein dieser Frage nach, stellen wir sehr schnell fest, dass es oft nur um die Befriedigung des Egos geht und niemals um die Kraft der Liebe oder die Stärkung der Partnerschaft.
Da mögen uns gewisse Reaktionen vielleicht kurzfristig ein gutes Gefühl verschaffen, aber bei genauerer Betrachtung werden wir erkennen, dass sie langfristig meist einen ziemlich großen Schaden anrichten. Bei fast allen Handlungen in der Partnerschaft, die dieser einen Frage nicht standhalten können, wird es uns sehr bald schlechter statt besser gehen. Wenn die Frage »Wem dient es?« nicht mit »Beiden« beantwortet werden kann, wird sich die Liebe ziemlich bald verflüchtigen.

Seit mein Freund damals diese Frage an mich gerichtet hat, begann ich jedenfalls immer öfter diese Frage als prüfende Instanz für all meine Handlungen einzusetzen. Immer wenn ich etwas für oder gegen die Beziehung tat, fragte ich mich, für einen kurzen Moment innehaltend: »Wem ist damit gedient?«
Das Zusammenleben mit meiner Familie hat sich dadurch völlig verändert und lässt mich glücklicher, liebevoller und vor allem erfüllter leben.
Vielleicht haben wir sogar Recht. Vielleicht gibt es tau-

send Gründe, so und nicht anders zu handeln. Aber wem ist damit geholfen? Wenn nicht beiden?

> WENN ES NUR EINEN GEWINNER GIBT,
> GIBT ES BALD ZWEI VERLIERER.

Stell dir deswegen, sooft es geht, diese beiden Fragen:
Wem ist damit gedient?
Und welchen Sinn hat es, an diesem Verhalten festzuhalten?

8. Distanz schafft Nähe

*Wenn Gefühle Worte bekommen,
können sie uns
zu einer wundervollen Wirklichkeit führen.*

Wir alle sehnen uns nach der Nähe eines Partners und wollen in die Geborgenheit einer vertrauten Zweisamkeit eintauchen. Wir hoffen in der Intimität das tief verbindende Gefühl von Liebe zu finden.
Aber das wahre Wesen der Liebe lässt sich nicht immer in der Nähe erfassen. Oft verstellt uns der Alltag mit seinen ganzen Nickligkeiten den Blick für das Wahre. Oft befinden wir uns in Streitereien oder Rechthabereien, wollen unser Gesicht nicht verlieren und uns nicht verändern. Dann vergessen wir, warum wir mit unserem geliebten Partner überhaupt zusammengekommen sind. Wir kämpfen. Meist mit uns selbst und sind dabei so beschäftigt, dass wir das wahre Wesen unserer Liebe nicht mehr erkennen oder zulassen wollen.

Aber dann, in der Distanz, fern von unserem Liebsten, nachts, in der Einsamkeit eines Hotelzimmers, in der U-Bahn einer fremden Stadt oder in der gewohnten Umgebung zurückgelassen, spüren wir ganz plötzlich und völlig unerwartet wieder die Liebe zu unserem Partner. Erfasst von einer gewaltigen Sehnsucht würden wir ihn oder sie am liebsten einfach nur im Arm halten und nie wieder loslassen. Dieses Gefühl ist manchmal so intensiv, dass wir zu Tränen gerührt sind. Wir merken mit einem Mal, wie verloren wir ohne Partner wären, wie viel unser geliebter Partner für uns in Wahrheit bedeutet und wie wundervoll es ist, ihn in unserem Leben zu haben. Wir sind voller Dankbarkeit und verstehen nicht, warum wir dies nicht bereits früher erkannt haben.

AUS DER FERNE SEHEN WIR UNSEREN PARTNER
MANCHMAL WESENTLICH NÄHER UND GENAUER.

Manchmal können wir erst in der Ferne aus dem Nebel des Alltags treten. Wir sind nicht mehr so intensiv beteiligt. Wir verlassen unseren Standpunkt der Betroffenheit und können plötzlich erkennen, um was es wirklich geht. Um die Liebe zweier Menschen, die mit sich ringen, diese Liebe auch zulassen zu können.
Wenn wir uns vom täglichen »Kampfplatz« entfernen, wenn wir uns allein behaupten müssen und die Abwesenheit unseres Partners auch körperlich spüren, erkennen wir oft plötzlich, wie sehr wir unseren Partner lieben und wie wichtig uns diese Liebe ist. Wie gern würden wir dann auf der Stelle unseren Partner anrufen und ihm unser Gefühl mitteilen. Meist geht dies nicht, weil es gerade spät in der Nacht ist oder wir unseren Partner nicht erreichen. Was gäben wir darum, ihn in diesem Augenblick bei uns zu haben, zu spüren, im Arm zu halten oder wenigstens die vertraute Stimme zu hören.

In diesen Momenten ist aller Streit vergessen, und wir erkennen, wie unwichtig er in Wirklichkeit war. Da ist nur noch dieses tiefe Gefühl von allumfassender Liebe. Wir spüren, wie geborgen wir uns in der Nähe unseres Partners fühlen. Wie wundervoll es ist, wenn er uns streichelt, küsst, mit uns einschläft oder auch nur sein sanfter Blick uns streift. Wir brauchen sein Lächeln, seine Zuversicht, sein Vertrauen, seine Sinnlichkeit und seine Hilfe. Wir wollen ihn nicht verlieren, wollen ihm nah sein.

Dieses Gefühl kann sich natürlich genauso einstellen, wenn wir zurückbleiben mussten und unser Liebster in der Ferne weilt. Scheinbar haben wir alles im Griff, atmen auf, weil wir endlich allein sein dürfen, und dann trifft uns plötzlich der Moment, da die Welt stillzustehen scheint. Mit voller Wucht spüren wir die Einsamkeit des Raums, der bisher von unserem Partner erfüllt war. Erst jetzt merken wir, wie beseelt und voller Leben unser Zuhause durch unseren Partner geworden ist. Jede Ecke, jeder Stuhl, jedes Bild trägt auch seine Energie.
Die Liebe zu unserem Partner kann uns so vollkommen überraschend und unvorbereitet erfassen, dass wir vor Rührung nur noch weinen möchten. Es gibt jemanden, der wichtig ist in unserem Leben. Und es gibt jemanden, für den wir wichtig sind.
Räumliche Distanz wirkt manchmal Wunder. In solchen Momenten tut es uns meist unendlich leid, den Streit nicht beendet, sondern so beharrlich in die Länge gezogen zu haben. Diese tiefe Einsicht entsteht nur, weil wir aus der Distanz einen Blick auf unseren Partner werfen.

Vor allem aber werfen wir einen anderen Blick auf uns selbst.

Wir spüren bis in jede Pore, wie es uns erginge, wenn wir ohne unseren Partner dastünden. Wie wir an Sicherheit verlieren würden, an Selbstbewusstsein, an Würde und an Kraft.

Aber dann, am nächsten Tag oder eine Woche später, wenn wir unseren Partner wiedersehen und ihn endlich im Arm halten, befinden wir uns innerhalb kürzester Zeit wieder da, wo wir zuvor gewesen sind. Im Streit, in der Nichtachtung, im Rechthaben-Wollen, in der gewohnten Blindheit. Vergessen all die Gedanken, die Sehnsucht, die Liebe, die wir in der Einsamkeit für unseren Partner empfunden hatten. Wir konnten diese Gefühle nicht mitnehmen, nicht konservieren.

Warum ist das so?

In der Einsamkeit haben wir zwar ein kleines Zipfelchen der Wahrheit erfasst, einen Hauch der tiefen Liebe, die uns mit dem Partner verbindet, und vielleicht auch einen kleinen Blick auf die Einsamkeit geworfen, die uns überfallen würde, wenn wir ohne unseren Partner dastünden, aber wir haben diese Erfahrung nicht mitgeteilt, sie nicht mit Leben gefüllt.

Wir haben nicht angerufen, nicht unsere wahren Gefühle bekundet, nicht gesagt, wie leid uns alles tut, wie erfüllt wir eigentlich von der Liebe unseres Partners sind und wie glücklich wir uns schätzen, dass er sein Leben mit uns teilt.

Vielleicht haben wir uns sogar gemeldet und nachts noch angerufen. Aber dann, aus einem unerfindlichen Grund, gaben wir uns doch wieder kühl und distanziert. Wir wollten das Gesicht wahren, unsere Position nicht aufgeben. Wir wollten unseren Partner zuerst aus der Reserve kommen lassen. Und so spürten in dieser besagten Nacht vielleicht beide den Hauch der Liebe, aber der fehlende Mut, dies auszusprechen, brachte keine wirkliche Nähe.

Wollen wir das wundervoll verbindende Gefühl der Liebe, das wir in der Einsamkeit für unseren Partner empfunden haben, mitnehmen, müssen wir sie in irgendeiner Form festhalten.
Das macht man am besten, indem man sich alles notiert, was man in der Stille erfahren hat. Und zwar noch in der gleichen Nacht. Wenn man all seine Gedanken niederschreibt, lässt sich das Gefühl, das man in diesem »heiligen« Moment hat, auch später noch erspüren und immer wieder neu durchleben. Wir alle kennen das. Liebesbriefe, die wir auch noch Jahre später wieder lesen, lassen erneut die Empfindungen von einst hochkommen. Wie muss das erst sein, wenn die Liebe noch heiß ist, wenn beide noch hoffen, wieder zu den Gefühlen von einst zu finden?
Nutze die Zeit des Alleinseins zum Reflektieren. Spüre, wie sehr dein Partner dein Leben beseelt, und schreibe deine Gedanken dazu auf.

Gib deiner Sehnsucht Worte.

Schenk deinen Hoffnungen und Ängsten, deinem Wunsch nach Nähe und Geborgenheit die bleibende Kraft des geschriebenen Wortes. Auch wenn du das, was du niederschreibst, lieber für dich behalten willst, ist es dennoch ein unglaublich hilfreiches Mittel. Denn allzu oft verblasst der intensive Eindruck der Stille durch den Alltagslärm wieder, und wir fallen in den alten Trott zurück. Wenn uns dann später manches über den Kopf wächst und wir wieder einmal glauben, im Recht zu sein oder es nicht mehr aushalten zu können, holen wir diesen kleinen Zettel oder das geheime Tagebuch hervor und lesen einfach nach, wie es uns damals erging.

Wir holen uns die Energie der gefühlten Liebe wieder ins Bewusstsein.

Im Dschungel des Alltags lässt sich die Wahrheit nicht immer leicht erkennen. Mit diesen kleinen Notizen können wir uns immer wieder ganz schnell aus dem Dickicht herausführen. Ins Licht der gemeinsamen Liebe.
Wenn man dazu noch den Mut aufbringt, seine geheimen Aufzeichnungen dem Partner mitzuteilen oder sie sogar vorzulesen, ist alles gewonnen. Diese Worte haben die Energie der Wahrhaftigkeit. Es sind deine Worte, die aus der Tiefe kommen.
Es sind die Worte, die deinen Partner ebenfalls in seiner Tiefe berühren werden, da die Wahrheit andere immer erreicht. Es gibt keine schönere Liebeserklärung. Diese Worte schaffen eine tiefe Verbindung, tragen über manche Unwägbarkeiten hinweg und helfen uns, wesentlich schneller Frieden zu schließen. Sie sind also ein ausgezeichnetes Mittel, die Liebe immer wieder neu zu beleben. Wenn du dies möchtest.

9. Liebe braucht kein Startkapital

Wenn du glaubst, keine Liebe zu empfinden,
begib dich an Orte, wo bereits das tiefe Gefühl von
bedingungsloser Liebe vorhanden ist.

Mit 21 Jahren war ich bereits sehr erfolgreich. Ich besaß genügend Geld, erhielt reichlich Anerkennung, war umgeben von schönen Frauen und war dennoch unzufrieden. Obwohl ich scheinbar auf der Sonnenseite des Lebens stand, glaubte ich stets, dass die anderen das wesentlich bessere Los gezogen hätten.

Ich verglich mich natürlich nie mit den gleichen Personen, sondern immer mit verschiedenen Kollegen, die etwas hatten, das ich auch gern besessen hätte. Ich zog immer nur einen Teilaspekt aus deren Leben heran und verglich mich mal mit denen, die gerade eine tolle Hauptrolle bekommen hatten, dann wieder mit jemandem, der gerade einen Preis verliehen bekam. Kurz darauf beneidete ich jemanden, der einen lukrativen Werbevertrag abgeschlossen hatte. Vor lauter Vergleichen sah ich gar nicht mehr das wundervolle Leben, das ich selbst führte. Ich fühlte mich stets übergangen, nicht wahrgenommen und ungeliebt, obwohl ich eine Hauptrolle nach der anderen angeboten bekam.

Zu dieser Zeit begannen die Dreharbeiten für ein sechsteiliges Fernsehspiel namens »Unser Walter«.
Es ging um einen mongoloiden Jungen, und ich spielte einen Zivildienstleistenden in einer Kinderstation für behinderte Kinder. Um mich auf diese Rolle vorzubereiten, verbrachte ich einige Wochen in einer großen Klinik mit einer eigenen Kinderstation.
Natürlich hatte der Aufenthalt dort noch einen weiteren Grund. Wir wollten in der Klinik einige Szenen drehen, und die Kinder sollten sich an mich gewöhnen, damit sie mit mir vor der Kamera ganz natürlich spielen würden.

Erfolgsverwöhnt wie ich war, betrat ich mit der Haltung, alles über die Welt zu wissen, morgens die Station. Aber bereits am selben Abend lag ich erschüttert und tief beeindruckt in meinem kleinen Hotelzimmer. Ich hatte eine Welt kennen gelernt, die mir bis dahin vollkommen verschlossen gewesen war. Ich hatte an diesem Tag so viel Kummer und so viel Leid gesehen, dass ich nicht fassen konnte, worüber ich mir bisher Sorgen gemacht hatte.
Das war aber nicht das wirklich Erstaunliche. Darauf war ich irgendwie vorbereitet. Das eigentlich Unfassbare war, dass die Kinder trotz des Leids, das sie umgab, glücklich waren. Den Kindern war es auch egal, was ich von ihnen wollte oder ob meine Anwesenheit einen kommerziellen Hintergrund hatte. Sie schlossen mich von der ersten Sekunde an in ihr Herz.
Am stärksten beeindruckte mich ein kleiner taubstummer Junge. Mit wachen und lebendigen Augen, hungrig nach ein bisschen Zärtlichkeit nahm er mich von der ersten Sekunde an in seine Arme. Obwohl wir kein

Wort sprachen, tauschten wir dennoch Welten miteinander aus. Die Liebe, die dieses Kind mir in den vierzehn Tagen entgegengebracht, die Offenheit und Bedingungslosigkeit, hatte mein Weltbild völlig verändert. Er war nicht der normalen Sprache fähig, aber die Sprache der Liebe beherrschte er vollkommen.

Liebe ist innere Schönheit.
Sie strahlt aus tiefster Seele
und erweckt alles um uns herum zum Leben.

Ich war traurig und gleichzeitig voller Mitgefühl. Der Junge tat mir so leid, und dennoch war ich erfüllt und glücklich. Dieser Junge, eingeschlossen in der Welt der Stille, hatte etwas in mir geöffnet, das alles Bisherige lächerlich erscheinen ließ. All der Neid und die Eifersucht begannen in der Wärme seiner Zuneigung zu schmelzen. Dieser Junge war einfach voller Liebe. Obwohl er keine Eltern hatte, obwohl er taubstumm war, obwohl sein Zuhause eine Anstalt war. All dies war kein Grund für ihn, ohne Liebe zu sein. Er verglich sich einfach nicht mit anderen. Er umarmte, er hielt, er zwinkerte, er betrachtete mich mit so viel guter Laune und liebenswerter Neugierde und ließ mich mit einer erstaunlichen Offenheit bedingungslos in sein Herz ein.

Seine Liebe hatte meine Liebe zum Schwingen gebracht.

Sein Schicksal hatte mein Mitgefühl geweckt. Ich fühlte mich reich beschenkt. Diese Tage in der Kinderstation haben mein Leben nachhaltig verändert. All die Dinge, die mich bisher so unglücklich gemacht hatten, waren plötzlich banal und unwichtig geworden. Mein Blick auf mich selbst und meine Probleme hatte sich komplett verändert. Ich freute mich plötzlich über die kleinen Dinge des Lebens, die ich vorher gar nicht richtig wahrgenommen hatte, und gab ihnen einen ebensolchen Wert wie den scheinbar »großen«.

Dieses wunderbare Gefühl der Liebe hielt für lange Zeit an. Auch heute noch, wenn ich unzufrieden bin oder mich zurückgesetzt fühle, rufe ich mir diesen Jungen und die Kinderstation ins Gedächtnis zurück, und meine Unzufriedenheiten werden nichtig und klein.
Manchmal ist es wirklich nützlich, solche »Erinnerungspunkte« zu haben. Wenn wir uns wieder einmal ungeliebt oder benachteiligt fühlen, wenn wir glauben, die Welt habe uns vergessen, dann bringen uns diese Erinnerungspunkte ganz schnell wieder auf die richtige Spur. Vor allem aber zu einer richtigen Betrachtungsweise.

Dieser Junge hat mir gezeigt, dass wir nichts brauchen, um zu lieben oder um geliebt zu werden. Wir müssen es einfach nur tun. Wir müssen nicht schön sein, redegewandt, schlank, gebildet, sportlich, erfolgreich oder witzig. Liebe entsteht, wenn wir lieben. Sie öffnet das Herz des anderen und strahlt auf wundervolle Weise zurück.

DIESER JUNGE BRAUCHTE NICHTS, UM ZU LIEBEN,
UND DAHER LIEBTEN IHN ALLE.

Dieser Junge hat durch seine Liebe meine eigene Schwingung so erhöht, dass ich ebenfalls voller Liebe war.

Wenn wir glauben, keine Liebe empfinden zu können, sollten wir uns immer mal wieder an Orte begeben, an denen bereits bedingungslose Liebe herrscht. Das kann der Besuch einer Kinderstation sein oder der Aufenthalt in einem Kloster. Es kann aber auch eine Wohltätigkeitsveranstaltung sein, die wir tatkräftig unterstützen. An solchen Orten erlebt man meist erstaunlich viel Kraft, Würde, Ruhe und vollkommenes Erfülltsein.
Dies sind allesamt Zutaten, aus denen die Liebe hervorgeht.
Vor allem aber verhilft uns die hohe Frequenz an Liebe, die dort herrscht, meist zu einer höheren Schwingung der eigenen Liebe. Wir beginnen also, mit unserem Umfeld im Einklang zu schwingen.
Wir sind Liebe. Wir waren es schon immer.

10. Das Ja und das Nein in der Liebe

*Liebe kann sich nur dann wirklich entfalten,
wenn wir Ja zu den Dingen sagen,
die wir gern in unserem Leben haben möchten.
Und Nein zu allem, was nicht zu uns gehört.*

Das Nein ist manchmal das wichtigste Wort in der Liebe, weil wir nur über ein klar bestimmtes *Nein* zu einem alles bejahenden *Ja* finden können. Aber genau an diesem Punkt herrscht oft eine große Verwirrung. Schließlich wurden uns schon in jungen Jahren Werte eingetrichtert, die nicht zwangsläufig die unseren waren. Zu oft haben wir bereits Ja zu Dingen gesagt, die wir in Wahrheit gar nicht wollten. Daher läuft unser Leben unter Umständen auf eine Weise ab, die wir eigentlich nie geplant hatten.

Bevor wir nämlich wirklich *Ja* sagen können, müssen wir gelernt haben, *Nein* zu sagen. Meist durften wir das nicht. Als Kind stand uns ein Nein nicht zu. Es galt meist als anmaßend oder wurde nicht ernst genommen. Wir haben also bereits früh gelernt, Dinge mit uns machen zu lassen – auch wenn sie uns nicht gut taten. Noch heute lassen wir lieber Dinge über uns ergehen, als uns deutlich abzugrenzen. Wir haben es einfach nicht anders gelernt. Erst recht nicht, wenn es damals

um Emotionen ging, denn gerade dort, wo wir am meisten Worte benötigt hätten, stand uns meist nicht ein einziges zur Verfügung.
Vielleicht hatten wir deswegen später als Jugendliche oder bei unseren ersten Erfahrungen mit der körperlichen Liebe nicht die Kraft oder den Mut, Nein zu sagen, obwohl wir es gern getan hätten.

Ein Ja zur falschen Zeit
kann uns weit von uns wegführen.

Wie oft tun wir etwas, das sich nicht gut anfühlt?
Wir tun es, weil es jemand anderem wichtig ist, weil wir ihm nicht wehtun wollen oder seinen Zorn fürchten. Aber damit schwächen wir uns selbst. Wir missbrauchen uns in gewisser Weise.

Viele kennen Liebe nur als Verletzung.

Aus Angst, andere zu verlieren oder zu verletzen, verletzt man lieber sich selbst. Doch auf diese Weise verliert man mit der Zeit die Selbstachtung. Man fühlt sich schuldig und minderwertig, ohnmächtig und der Liebe nicht würdig. Und ziemlich bald verlieren auch andere die Achtung vor uns. Unsere Meinung wird irgendwann nicht mehr wirklich ernst genommen, und jeder darf nach Belieben über uns verfügen, vor allem da, wo wir schwach und verletzlich sind.

Es ist nicht immer einfach, klar und deutlich seiner eigenen Linie treu zu bleiben. Denn sehr oft erscheinen uns die geforderten Neins viel zu geringfügig, um sie wirklich ernst zu nehmen. Und so kommen viele kleine, unbedeutende Neins im Laufe der Zeit zusammen und türmen sich irgendwann zu einer großen Unzufriedenheit auf. Dann wird es unglaublich schwer, aus diesem Teufelskreis wieder herauszukommen. Schwer, aber nicht unmöglich. Denn sobald uns wieder klar wird, dass unser Leben einzig und allein in unserer Entscheidungskraft liegen sollte, lernen wir schnell wieder, Nein zu sagen.
Ein Nein kann also das kraftvollste Wort in unserem Leben sein, weil es gleichzeitig ein anderes Ja bedeutet. Nämlich ein Ja zu uns selbst. Ein Nein kann uns helfen, bei uns zu bleiben und unseren Standpunkt nicht zu verlassen.

Erinnere dich einmal an Situationen in deinem Leben, an denen du lieber Nein gesagt hättest, es aber nicht getan hast. Stell sie dir genau vor. Die Person, die Situation und dein Gefühl von damals. Und dann sage in Gedanken klar und deutlich: Nein! Ein solches Nein kann sehr kraftvoll sein. Auch wenn das Ganze weit zurückliegt, kann uns ein Nein helfen, wieder zurück zu unserem ursprünglichen Weg zu finden. Es stellt dich wieder dort hin, wo du hingehörst. Es zeigt dir, womit du nicht einverstanden warst. Damals konntest du vielleicht nichts dagegen unternehmen. Heute aber schon. Dein heutiges Nein kann zwar die Vergangenheit nicht mehr ändern, aber es bringt dich zurück auf deinen eigenen Weg. Du holst dir deine eigene Wahrheit wieder zurück. Du setzt den Weg von damals wieder fort. Eigentlich hast du nur ein bisschen pausiert und nimmst jetzt die Wanderung wieder auf. Nur diesmal suchst du deine eigenen Pfade.

Höre nur auf dich selbst, wenn du entscheidest, wie dein Leben weitergehen soll. Sonst lebst du das Leben anderer.

Nicht immer ist ein Nein ein echtes Nein, da wir nur allzu oft zu Dingen Nein sagen, die wir durchaus gern tun würden. Aber wir bringen nicht den Mut auf, sie wirklich zuzulassen. Unsere Erziehung, unsere Moralvorstellung, die tief sitzenden Tabus und natürlich die Verletzungen aus der Vergangenheit haben uns oft für ein befreiendes Ja verschlossen gemacht. Wir wollen nicht wieder so verletzt werden. Lieber beschränken wir uns auf das Wenige, was uns geblieben ist, und halten uns an Dinge, die uns ein Gefühl der Sicherheit vermitteln.

Spüren wir aber eine tiefere Sehnsucht und bleiben dennoch beim Nein, vergrößern wir die Wunden, die uns irgendwann einmal zugefügt worden sind, weil wir uns auch jetzt nicht gestatten, sie auszuleben. Wir bestätigen dann das Leid von damals, indem wir uns das so sehnlich Gewünschte weiterhin verweigern. Wir tun dies übrigens öfter, als wir denken. Dieser Prozess läuft jedoch meist so unbewusst und selbstständig ab, dass wir oft nicht einmal wahrnehmen, wie wir uns noch immer von der Liebe aussperren. Ein Nein kann sich zum Beispiel darin zeigen, dass wir glauben, wir könnten nicht wirklich lieben. Oder wir gehen davon aus, dass die Liebe etwas ist, was uns einfach nicht zusteht oder viel Arbeit erfordert. Oder völlige Selbstaufgabe verlangt. Längst sind wir erwachsen, aber in unseren Gefühlen noch immer wie kleine Kinder, die auf die Erlaubnis anderer warten. Die Liebe ist dann meist etwas, was ein anderer uns bringen muss oder wovon ein anderer uns sogar ausgrenzen kann.

Wirklich Ja sagen zu können ist meist gar nicht so einfach, wie wir denken.
Zu viele unbewusste Programmierungen laufen in uns ab, die ein wirkliches Ja verhindern. Oft bekomme ich von den Teilnehmern in meinen Vorträgen zu hören: »Ich sage doch Ja. Ich will es doch, aber ich bekomme es einfach nicht.«
Dann schau mal nach, ob du auch wirklich Ja sagst.
Manchmal scheinen wir Ja zu sagen, halten aber die Tür dennoch geschlossen. Das ist dann so, als würde man Gäste einladen und sie begrüßen, sie dann aber vor der Tür abfertigen und nicht in unser Haus lassen.
Sie fühlen die Ablehnung und werden sich dementsprechend auch uns gegenüber ablehnend verhalten.

Wenn wir nicht klar in unserer Aussage sind, kann unser Leben sehr verschwommen verlaufen.

Also, setz dich mal in aller Ruhe hin.
Und beginne, ein paar Mal »Ja« zu sagen.

Ja sagen bedeutet, sich zielgerichtet einzulassen. Ja sagen führt uns auf eine Spur, die sich dem Gewünschten nähert. Ich lade diesen Wunsch in mein Leben ein. Zu allem, was man bejaht, entsteht ein positives Gefühl. Wir betrachten diesen Menschen oder die Angelegenheit mit wohlwollenden Augen. Wir fördern die Energie, die uns näher bringt.
Also sage ein paar Mal Ja und fühle die Kraft, die dabei entsteht, wenn du dich nicht selbst zurücknimmst. Manchen steigen Tränen in die Augen, wenn sie frei und ungezwungen Ja zu sagen beginnen. Manche erinnern sich an eine Person oder Situation, zu der sie gern Ja gesagt hätten, es aber nie taten. Andere fühlen zum ersten Mal die wundervolle Kraft, die von einem befreiten Ja ausgeht. Und viele spüren, dass sie noch immer nicht wirklich Ja sagen können. Vor allem nicht zu sich selbst. Werde deswegen konkreter. Stelle dir Dinge ganz bewusst vor. Sage Ja zu deinem Leben. Sage Ja zu deiner Geburt. Sage Ja zu deinen Eltern. Sage Ja zu deinem Aussehen. Sage Ja zu deinem Körper. Wo gibt es Widerstände? Trauer? Wut? In welchen Bereich bist du nicht frei, dich wirklich anzunehmen?

Stelle dir eine Situation vor, die du gern hättest. So richtig, von ganzem Herzen gern. Vielleicht ist es ein Partner, den du gern an deiner Seite hättest, oder der Wunsch, im Arm gehalten zu werden, oder es sind liebevolle Gespräche, Geborgenheit, Zärtlichkeit, oder einfach nur wilder roher Sex. Vielleicht gibt es Dinge, bei denen du spontan Ja sagen würdest, es dich aber nicht traust. Beobachte genau, was mit dir passiert, wenn du in Gedanken so eine Situation bejahen wür-

dest. Eine Situation, die du gerne hättest, die aber bisher in deinem Leben nicht eingetroffen ist. Vielleicht wirst du traurig oder wütend. Dann lass alles hochkommen. Trauer, Wut, Hass, Freude oder das Gefühl von Ohnmacht. Es gibt Gründe, warum du dich dem Ja gegenüber verschlossen hast. Die Gründe sind meist sehr wesentlich für dein Leben gewesen. Vielleicht haben sie dir in schweren Zeiten geholfen. Aber jetzt behindern sie dich eher. Sie lassen die Erfüllung deiner Sehnsüchte nicht zu. Sie schneiden dich von der Liebe ab, die du so gern in dein Leben einladen würdest.
Beobachte dich. Jetzt kannst du erkennen, wie wahr deine Jas wirklich sind. Oft sabotieren wir unsere Wünsche insgeheim, weil wir nicht glauben, dass uns die Erfüllung tatsächlich zusteht. Gibt es bei jedem Ja ein heimliches Nein? Oder einen korrigierenden Gedanken? Hebst du jedes Ja heimlich wieder auf, indem du dich bewertest?
Und kannst du Ja zu deinem Partner sagen? Kannst du das? Wirklich? Oder gibt es hier ein »Ja aber«? Dann gibt es nämlich ein Ja und ein Nein gleichzeitig.

JEDES ABER IST EIN GETARNTES NEIN.

Jedes »Ich würde gerne, wenn ...« ist ein getarntes Nein.
Beobachte dich. Sage Ja zu all deinen Wünschen. Es sind deine Wünsche, deine Hoffnungen, deine Sehnsüchte. Sie sind nicht albern, verboten, unmöglich, überzogen oder ungerecht. Dies ist nicht wirklich *dei-*

ne Meinung, sondern nur die Ansicht von anderen, die glauben, durch deine Wünsche an der Durchsetzung ihrer eigenen gehindert zu werden. Also haben sie deine Wünsche so zurechtgestutzt, dass du ein schlechtes Gefühl hattest und sie künftig nicht weiter äußern wolltest. Wenn die anderen ganze Arbeit geleistet haben, wirst du irgendwann sogar Angst bekommen haben, deine Wünsche weiterhin auch nur zu denken. All dies hat dazu geführt, dass du heute scheinbar abgetrennt von deinen wahren Wünschen ein Leben führst, das nicht das deinige ist, sondern das von anderen.

Aber wenn man beginnt, Ja zu sagen, kommt man schnell wieder in Kontakt zu seinen wahren Wünschen. Ein Ja ist wie ein Schlüssel zu lang verschlossenen Türen. Mit dem richtigen Schlüssel lassen sie sich denkbar einfach öffnen.

Ein richtiges Ja fühlt sich kraftvoll an.
Es stärkt dich. Es füllt dich mit Energie.
Ein richtiges Nein fühlt sich kraftvoll an.
Es stärkt dich. Es füllt dich mit Energie.

Beginne doch einfach mal mit dem Ja und dem Nein der Liebe, wenn du allein bist. Viele kleine Schritte haben uns dorthin geführt, wo wir heute stehen. Viele kleine Schritte werden uns auch wieder von dort wegführen.

Gib allen Dingen, die dich umgeben, eine kurze prüfende Instanz. Sage laut oder in Gedanken Ja oder Nein und spüre, was sich *für dich* richtig anfühlt. Lerne, damit umzugehen.

Je öfter du dich hinsetzt und deine eigenen wahren Neins und Jas herausfindest, desto schneller wird die Liebe in dein Leben treten. Scheinbar geschieht dies von außen. Aber in Wahrheit legst du nur die Mäntel der Vergangenheit ab. Du wirst authentisch und wahrhaftig. Denn jedes Ja führt dich näher zu dir selbst. Und je näher du dir kommst, desto stärker verbindest du dich mit deiner ganz eigenen Energie. Du beginnst, dich wieder mit dir auszusöhnen. Du beginnst, dich zu mögen.

Und plötzlich ist es da – das allumfassende Gefühl von Liebe. Du bist schon immer mit ihm verbunden gewesen. Die vielen falschen Neins und Jas haben nur so viele Schichten über deine wahre Natur gelegt, dass die Liebe nicht mehr durch dich hindurchscheinen konnte.

11. Liebe zeigt sich in den kleinen Dingen

*Es sind oft die kleinen Dinge,
die etwas ganz Großes entstehen lassen.*

Manchmal ist es ganz einfach, die Liebe wieder wachzustreicheln. Schließlich wissen wir durch eigene Erfahrung, dass selbst die kleinsten Dinge unserer Seele gut tun.
Der Kaffee, der uns morgens ans Bett gebracht wird, die kleine Liebesbotschaft am Kühlschrank, der Anruf, der sagt, ja, du bist wichtig in meinem Leben. Manchmal ist es nur ein Lächeln, ein sanfter Blick, ein flüchtiger Kuss, das Aufspannen des Regenschirms für den anderen oder das Unterhaken. Oft sind es nur winzige Gesten, die unsere Liebe am Leben halten.

Scheinbar kleine Dinge wecken oft
grosse Gefühle.

Manchmal reicht es, nur für einige Augenblicke den Alltag auszusperren. Ein Picknick auf dem Speicher zu veranstalten oder gemeinsam auf eine Sternschnuppe

zu warten. Alles ist möglich, solange die Botschaft lautet: Ich bin da. Für dich. Weil du wichtig bist.
Die großen Dinge sind meist spektakulärer. Beeindruckender. Aber ohne Bestand. Allzu oft ruht man sich auf diesen großen Leistungen der Vergangenheit aus. Aber die Liebe entsteht aus dem Moment heraus und kennt keine Zeit. Sie bezieht ihre Kraft nicht aus der Vergangenheit, sondern einzig und allein aus der Gegenwart.

Es sind aber auch die kleinen Dinge, die die Liebe zermürben und aushöhlen können. Die ewige Rechthaberei, das Nörgeln, die ständige Unzufriedenheit, die Sticheleien, das Belächeln, das Entmutigen, die Machtkämpfe, die Eifersüchteleien, das mangelnde Zutrauen, die verletzenden Bemerkungen als Beifahrer, den anderen nicht zu Wort kommen lassen, das Bevormunden, das Kleinhalten und natürlich all die täglichen Forderungen, die kein Ende zu nehmen scheinen.
Beim Lesen des letzten Absatzes hast du möglicherweise gespürt, wie sich all die wundervollen Energien wieder schließen, die zuvor in dir aufgekommen sind, als es um die kleinen Gesten der Liebe ging. Genauso geht es Liebenden in der Partnerschaft. Sie verschließen sich immer mehr.

ES LIEGT IMMER IN UNSERER HAND,
WELCHE RICHTUNG WIR UNSEREM LEBEN GEBEN.

Wenn wir also wollen, können wir die Liebe ebenso rasch wieder wachstreicheln, und zwar mit kleinen Dingen. Dort kann sich die Liebe am besten entfalten. Liebe benötigt keine großen ausschweifenden Gesten. Liebe mag das sanft ins Ohr gehauchte Wort, das Tragen der Tasche für den anderen, das liebevolle Zudecken in der Nacht, das Abholen vom Bus, das Händchenhalten, das zeigt: Du gehörst zu mir. In der Liebe gehört das gemeinsame Lachen ebenso dazu wie das gemeinsame Weinen. Es sind die stillen Komplimente, die aufmunternden Worte, der Trost, das Vertrauen und das Zulassen von Nähe, das Verzeihen, und natürlich das Danken und das Bitten.

Die Liebe stirbt oft nur,
weil die kleinen Dinge ausbleiben.

Nimm dir doch einfach einmal vor, nur drei kleine Dinge, Gesten oder Taten am Tag zu verschenken, und dein Leben wird sich verändern.

12. Wenn dies mein letzter Tag wäre

*Oft kann nur ein einziger Gedanke
dein ganzes Leben ändern.*

Wenn man nur noch einen Tag zu leben hätte, was würde man anders machen als bisher?

Man würde diesen verbleibenden Tag wahrscheinlich völlig anders verbringen. Bewusster und intensiver, und man würde jeden Augenblick bis in den letzten Winkel auskosten. Man würde sich keine Gedanken mehr über die Vergangenheit machen, und erst recht keine über die Zukunft. Man würde wahrscheinlich jeden Moment so bewusst wie noch nie zuvor erleben. Vielleicht würde man die verbleibende Zeit friedlich und voller Respekt für das bisherige Leben mit seinem Partner verbringen. Vielleicht würde man gemeinsam weinen, sich lieben oder sich einfach Wahrheiten erzählen und alle belastenden Geheimnisse auflösen.

Mit Sicherheit würde etwas entstehen, was über das Alltägliche hinausgeht. Vielleicht würde es ein tieferes Verständnis für die Dinge hinter den Dingen geben. In so einem Augenblick würde vielleicht etwas eintreten, wonach wir uns immer schon gesehnt haben. Das Gefühl von tiefer Liebe und Verbundenheit.

Ein Gefühl von Zusammengehörigkeit, welches weit über den Tod hinausgeht.
Vielleicht würde man auch die Menschen anrufen, die einem viel bedeuten, und mit ihnen ins Reine kommen wollen. Vielleicht würde man so einige Konflikte lösen und Frieden schließen, denn in Anbetracht des Todes hat jeglicher Streit einfach keine Bedeutung mehr.
Wir würden unseren Liebsten wahrscheinlich für alles danken, was sie uns gegeben haben, für die wichtigen Impulse und Denkanstöße, die sie uns geschenkt haben.

Warum sind wir erst zu einer solchen versöhnlichen und bewussten Handlung fähig, wenn wir wüssten, dass dies der letzte Tag in unserem Leben wäre?
Jeder Tag könnte doch der letzte sein. Nur selten wird uns genügend Zeit bleiben, uns auf den Abschied von einem geliebten Menschen vorzubereiten. Allzu oft wird sein Tod ein plötzlicher Schnitt in unserem Leben sein, der uns mitten ins Herz trifft, unvorhergesehen und überraschend.
Wir werden sterben. Unser Partner wird sterben. Das ist die sicherste Gewissheit, die es in unserem Leben geben kann. Da können wir noch so viele Rücklagen gebildet, Versicherungen abgeschlossen oder die Zukunft minutiös geplant haben, wir werden unseren Partner verlieren. Heute, morgen, vielleicht auch erst in weiter Zukunft. Aber wir werden uns von ihm trennen müssen.
Jeder Abschied am Morgen, flüchtig und schnell, im Streit, in Ungeduld, in Disharmonie oder voller Liebe, könnte der letzte Moment mit unserem Liebsten gewe-

sen sein. Ein Autounfall, ein überraschender Herzinfarkt, ein lächerlicher Sturz könnte den plötzlichen Tod herbeiführen.

Warum brauchen wir erst den Gedanken an den Tod, um Wertigkeiten wieder zurechtzurücken? Warum tritt erst dann wieder das in den Vordergrund, was wirklich zwischen einem Paar wichtig ist? Nämlich die verbindende Liebe zweier Menschen, die sich gefunden und entschieden haben, ein Stück des Lebens gemeinsam zu beschreiten.

Wenn uns das Schicksal einen geliebten Menschen nimmt, ohne dass wir uns verabschieden konnten, ohne die Beziehung wieder in Ordnung gebracht zu haben, laufen wir mit einer schweren Bürde durch das Leben.

WENN WIR KEINEN FRIEDEN GESCHLOSSEN HABEN, WERDEN WIR SELBST AUCH KEINEN MEHR FINDEN.

Irgendwann wird der Zeitpunkt kommen, wo wir so manches bereuen. Wo all das, was heute für uns so wichtig erscheint, keine Rolle mehr spielen wird. All die Kämpfe, all die Unzulänglichkeiten, all der Missmut und die Kleinkrämerei.

Es ist seltsam, aber oft hilft uns erst der Gedanke an den Tod bei der Erkenntnis, in welchen Scheingefechten wir uns oft gerade mit den Menschen befinden, die wir lieben.

Wenn wir also in Kontakt mit den tiefen Wahrheiten unserer Partnerschaft treten wollen, sollten wir einfach einmal für einen kurzen Augenblick innehalten und uns überlegen, was wir im Bewusstsein des baldigen Todes ändern würden.

Mit Sicherheit würden wir unserem Partner zeigen, wie wichtig er uns ist und immer schon war. Wir würden erkennen, wie unendlich dankbar wir ihm sind, weil er es an unserer Seite ausgehalten hat. Uns würde vielleicht klar werden, dass das Leben mit uns für den Partner nicht immer einfach war. Wie oft waren wir übel gelaunt, ungerecht und anklagend? Voller Ungeduld und fordernd? Trotzdem war unser geliebter Partner bei uns und hielt es mit uns aus. Auch als wir krank waren, wütend, traurig oder verletzend. Auch als wir geschrien haben und getobt.

Wenn wir wüssten, dass heute der letzte Tag mit unserem Partner wäre, würden wir unseren Partner bestimmt um Entschuldigung bitten und ebenso selbst alles vergeben, was jemals vorgefallen ist. Im Angesicht des Todes gibt es kein Rechthaben mehr und keine Schuldfrage.

Die Buddhisten leben jeden Tag in dem Bewusstsein, dass es ihr letzter sein könnte. Wenn sie abends schlafen gehen, legen sie alle Habseligkeiten akkurat auf ihren Platz. Denn sollten sie am Morgen nicht mehr erwachen, hätten sie für die Hinterbliebenen alles ordentlich hinterlassen. Sie versuchen auch, abends mit jedem wieder in Frieden zu kommen, damit sie bei einem überraschenden Tod ohne Schulden das Leben verlassen können.

Die Gewissheit, dass Sterben zum menschlichen Leben einfach dazugehört, hilft ihnen, so bewusst und klar wie nur irgend möglich zu leben.

Sollte dein Leben gerade in Langeweile untergehen oder du der täglichen Routine der Partnerschaft müde geworden sein, verabschiede dich für eine gewisse Zeit von deinem Liebsten so, als wäre es nicht sicher, ob ihr euch jemals wiedersehen werdet. Gib deinem Partner für eine Weile den Gutenachtkuss mit dem Bewusstsein, als sei es nicht gewiss, ob du am nächsten Morgen wieder gemeinsam mit ihm erwachst. Wenn du eine gewisse Zeit mit diesem Bewusstsein lebst, wirst du schnell erkennen können, was wirklich wichtig ist in deinem Leben.

Michaela und ich gehen nie im Streit zu Bett, wie heftig der Tag auch gewesen sein mag. Es ergibt für uns einfach keinen Sinn, Streite bewusst hinauszuzögern. Vor allem, weil wir uns unserer Liebe stets bewusst sind. Gleichzeitig wissen wir aber auch, dass uns beiden nur eine gewisse Zeit des Zusammenlebens gegeben ist. Irgendwann wird einer von uns sterben. Irgendwann werden wir uns voneinander verabschieden müssen. Warum die Zeit bis dahin nicht so bewusst und liebevoll, wie es uns nur irgend möglich ist, verbringen?

IN ANBETRACHT DES TODES WIRD VIELES UNWICHTIG.
NUR EINES NICHT. DIE LIEBE, DIE ZWEI MENSCHEN
MITEINANDER VERBINDET.

Wenn dies dein letzter Tag wäre, was würdest du tun? Und was hindert dich daran, es jetzt zu tun?

13. Tiefes Verständnis entwickeln

*Wenn zwei Seelen sich umarmen,
geschieht das meist ohne Worte.
Denn tiefes Verständnis
entsteht auf einer völlig anderen Ebene.*

Das Verständnis für einen anderen Menschen ist der wesentliche Grundstoff, durch den das Gefühl der Liebe entsteht. Ohne ein tieferes Verständnis für die Handlungsweisen unseres Partners werden wir keine Nähe zu ihm entwickeln. Er wird uns in ganz vielen Situationen immer wieder sehr fremd bleiben, weil wir nicht verstehen, wie er so denken kann, so fühlen, so anders sein kann als wir. Oft leiden wir dann in der Partnerschaft, weil wir uns ungeliebt und abgewiesen fühlen. Nicht selten glauben wir sogar, wir wären der Einzige in der Partnerschaft, dem es so schlecht geht, wir wären das alleinige Opfer. Das ist aber nicht der Fall. Der Partner leidet genauso. Auch er ist unglücklich. Auch er weiß keinen Ausweg und fühlt sich ebenso missverstanden.

Oft baut sich zwischen zwei Liebenden durch das fehlende Verständnis eine trennende Wand auf, die keiner zu durchbrechen weiß. Ohne das rechte Handwerkszeug, um wieder zueinander zu finden, häufen sich die Verletzungen und Niederlagen, und man verliert die einstige Liebe allmählich aus den Augen. Würde es uns aber gelingen, unseren Partner ebenfalls in seinem Leid wahrzunehmen, in seinen Sorgen und Ängsten, würden wir beginnen, ihn besser zu verstehen.

VERSTÄNDNIS IST DER WESENTLICHE GRUNDSTOFF, DURCH DEN DAS GEFÜHL VON LIEBE ENTSTEHT.

Aber wie schaffen wir es, die Welt mit den Augen des Partners zu sehen?
Gemeinsam mit der Firma »That's Eli« habe ich dafür ein Partnerschaftsspiel mit zwei Spielfiguren entwickelt und einem kleinen Feld, in dem sich die Partnerschaft abspielt.
Der folgende Teil ist eine kleine Variante aus diesem Beziehungsspiel.

Mit den Augen des anderen
Suche dir zunächst zwei Spielfiguren, das können zwei kleine Puppen, Legomännchen oder Fotos von dir und deinem Partner sein.
Eine Figur stellt dich dar, die andere ist dein Partner oder deine Partnerin.
Stelle nun die Figur deines Partners auf einem fiktiven Spielfeld auf. Dies kann ein Blatt Papier, ein Tablett oder eine große Schale sein. Es repräsentiert eure Partnerschaft. Stelle deinen Partner nun dort auf, wo du glaubst, dass er sich in der Partnerschaft befindet. In

der Mitte als Zentrum oder weiter hinten, vielleicht auch ganz vorn oder am Rand.

Anschließend stellst du deine Figur dazu, und zwar so, wie du glaubst, dass du zu ihm stehst. Das kann ganz nah bei ihm sein oder weiter entfernt. Du kannst ihn ansehen oder ihm den Rücken zudrehen. Vielleicht steht er abgewendet von dir oder ist fast schon aus dem Spielfeld getreten. Überlege nicht zu lang. Stelle die beiden Figuren ganz intuitiv auf. Dein Gefühl wird sich nicht irren.

Dann betrachtest du die Situation in aller Ruhe. Lass dir Zeit. Schließlich beobachtest du deine Partnerschaft zum ersten Mal von außen. Das kann eine ziemlich merkwürdige Erfahrung sein, denn nun siehst du von einem neutralen Standpunkt, wie du zu deinem Partner stehst. Mit Sicherheit lässt sich schon jetzt vieles erkennen, das du so deutlich bisher noch nicht gesehen hast. Trotzdem wollen wir in diesem Moment nicht betrachten, wie es euch beiden in der Partnerschaft geht, sondern wir wenden uns für einen kleinen Augenblick nur deinem Partner zu.

Drehe das Tablett oder die Schale so, dass du hinter seiner oder ihrer Spielfigur sitzt und die Beziehung aus seinem oder ihrem Blickwinkel betrachten kannst. Und dann beobachte einfach nur.

Wenn wir eine Weile ruhig und entspannt auf das Feld sehen, geschieht meist etwas Merkwürdiges. Wir schlüpfen immer mehr in die Rolle des Partners. Ab einem gewissen Punkt gehen wir schließlich ganz darin auf und erfahren die Partnerschaft aus einer völlig anderen Sicht. Wir »sehen« durch seine Augen. Vor allem aber sehen wir uns durch seine Augen.

Bleibe ruhig und entspannt und bewerte nicht. Beobachte einfach nur. Wie geht es ihm mit dir? Kann er dich sehen? Fühlt er sich dir nah? Was denkt er? Was empfindet er? Würde er sich wünschen, mehr von dir zu bekommen? Hat er sich für dich entschieden? Und hat er das Gefühl, dass du dich für ihn entschieden hast?
Betrachte auch deine Figur durch seine Augen.
Fühlt er sich durch dich überfordert, eingeschüchtert, nicht wahrgenommen? Lebt er seine ganze Persönlichkeit? Oder dürfen nur Teile seines Wesens in der Partnerschaft stattfinden? Hat er Angst, dich zu verlieren? Gibt es Hoffnungen, die du ihm nicht erfüllst? Gibt es Verletzungen, die er nicht überwinden kann?
Je länger du dich in seiner Rolle aufhältst, desto mehr wird sich ein tiefes Verständnis einstellen. Du beginnst, ihn vollständig wahrzunehmen. Du betrachtest ihn nicht mehr gefiltert durch die Brille deiner Wünsche und Erwartungen, sondern so, wie er wirklich ist.

Allein durch das eingehende Betrachten erkennst du das mitunter einengende Korsett, in dem er sich aufhält. Auch er will geliebt werden. Auch er sehnt sich nach Nähe und Geborgenheit. Und auch er fühlt sich als Opfer. Als ein Opfer von dir. Das ist natürlich nicht *die* Wahrheit, aber es ist seine Wahrheit. Er kann die Welt nur durch seine Augen sehen. Du aber kennst jetzt beide Sichtweisen. Du kennst seine Hilflosigkeit, seine Trauer und sein Gefühl von Unglücklichsein. Das wirklich Wundervolle daran ist, dass du nun in der Partnerschaft nichts ändern musst. Du musst dich nicht anders verhalten oder ihm gar Recht geben.

Wenn du dich erst einmal
durch die Augen deines Partners gesehen hast,
ist bereits alles anders.

Du verstehst, dass es mehr Wahrheiten gibt als nur die deine. Gleichzeitig stellt sich durch dieses Nachempfinden auf wundersame Weise eine weitere Empfindung ein: Mitgefühl. Mitgefühl ist die reinste Form von Liebe. In diesem tiefen Verständnis entsteht also etwas, nach dem du dich immer schon gesehnt hast. Das tief erfüllende Gefühl der Liebe.

Du kannst selbstverständlich noch andere Figuren aufstellen. Wen auch immer du in deinem Umfeld verstehen lernen möchtest. Deine Kinder, deine Eltern oder deinen besten Freund oder Freundin. Zu wem du wieder etwas mehr Zuneigung entstehen lassen möchtest, durch dessen Augen kannst du dich auf diese Weise betrachten.

Das Foto
Es gibt noch eine andere Möglichkeit, auf ziemlich rasche Weise Verständnis zu entwickeln. Suche für diesen Zweck aus dem Fotoalbum deines Partners ein Kinderbild heraus und stelle es neben ein Foto, das ihn heute zeigt. Dann betrachte in aller Ruhe die beiden Bilder, wobei deine Konzentration mehr zum Bild des Kindes wandern sollte.
Lächle nun diesem Bild von einst mit einem liebevollen und offenen Gefühl zu. Wenn du dies einige Minuten

lang tust, geschieht etwas Wundervolles. Du wirst eins mit dem Objekt der Betrachtung. Du wirst selbst zu diesem Kind und tauchst ein in seine Gefühle, Nöte, Sorgen und Ängste. Du siehst die tiefen Wunden, die das Kind in sich trägt. Du spürst, wie verloren es war und welche Hoffnungen es vielleicht aufgeben musste. Vielleicht spürst du auch die Trauer und die Einsamkeit. Viele dieser Wunden trägt dieses Kind noch heute mit sich herum und konnte sie noch immer nicht transformieren. Denn ohne Anleitung fehlt ihm das rechte Handwerkszeug. Kein Wunder, dass es die Schmerzen und Verletzungen auf andere ablädt, es kennt doch nichts anderes.

Je länger du das Bild betrachtest, desto mehr verstehst du den Jungen, der heute ein Mann geworden ist, oder das kleine ängstliche Mädchen, die heute deine Frau geworden ist. Du verstehst plötzlich alle Handlungsweisen, die dir bisher fremd und sinnlos erschienen sind. Du verstehst, dass dein Partner sehr oft nicht dich meint, sondern im Gefängnis seiner Vergangenheit gar nicht anders handeln kann. Er weiß nicht, wie es geht. Er ist in diesem Punkt eben einfach noch immer ein verletztes Kind. Trotzig, wütend, misstrauisch, ängstlich und ohne Hoffnung.

WENN WIR IN DAS LEIDEN ANDERER HINEINSCHAUEN, ERKENNEN WIR EINE ANDERE, WEITAUS GRÖSSERE WAHRHEIT.

Wir erkennen die wundervolle Kraft des Mitgefühls. Versuche dieses Mitgefühl, das sich beim Betrachten des Fotos entwickelt, so lange wie möglich zu bewahren. Denn dadurch öffnet sich nicht nur das Tor zur Liebe, sondern du beginnst auch zu verstehen, dass sich in vielen Bereichen deiner Partnerschaft in Wahrheit zwei Kinder getroffen haben, die sich noch immer vergebens abstrampeln und in vielen Gebieten noch immer nicht erlöst sind. Vor allem aber beginnen durch den liebevollen Blick auf deinen Partner alte Wunden zu heilen. Auch deine. Denn wenn wir die tieferen Ursachen für das Leid anderer erkennen, erkennen wir auch die Ursachen für unser eigenes Leid, weil wir oft ähnliche Gefühle hegen. Wir verstehen den Jungen oder das Mädchen, weil das Kind in unserem Partner ganz ähnliche Gefühle hat wie wir, als wir selbst noch ein Kind waren.

Verständnis und Liebe sind eng miteinander verwandt. Wenn wir dieses tiefe Verständnis zulassen, wird es zu einer wundervollen Kraft. Dann spüren wir plötzlich, wie sehr wir geliebt werden. Ja, du wirst geliebt. Das wurdest du schon immer. Nur manchmal kann dein Partner dir dies nicht zeigen. Manchmal schafft er es nicht, aus dem Gefängnis seiner Denkweisen auszusteigen. Distanz, Streit, Wut und Missverständnisse sind immer nur maskierte Hilfeschreie nach Liebe. In Wahrheit schreien noch immer zwei Kinder. Auch er möchte nichts lieber, als dich in seinem Arm zu halten und sich durch deine Liebe geborgen zu fühlen. Auch er leidet, dir manchmal nicht näherkommen zu können.

Vielleicht betrachtest du einmal deine eigenen Kinderfotos. Oder ihr stellt beide Fotos von eurer Kindheit nebeneinander. Wenn ihr damals schon gewusst hättet, dass ihr euch treffen werdet, wäre vielleicht vieles einfacher gewesen. Die gute Nachricht ist, ihr habt euch getroffen. Die noch wesentlich bessere Nachricht ist, ihr liebt euch. In der Tiefe eures Herzens liebt ihr euch.

14. Was du weggibst, kommt zu dir zurück

*Möchtest du mehr Liebe in deinem Leben haben,
hilf jemand anderem,
mehr Liebe in seinem Leben zu haben.*

Eines der wichtigsten Gesetze der Liebe lautet: Möchtest du selbst glücklich sein, lass einen anderen glücklich sein. Möchtest du selbst Erfolg haben, hilf einem anderen zu seinem Erfolg. Allerdings sollte man aufrichtig helfen wollen und nicht, weil man glaubt, sich auf diesem Weg einen persönlichen Vorteil verschaffen zu können. Wenn du dir mit ehrlichem Herzen wünschst, dass die Dinge tatsächlich für die *andere* Person eintreffen, dann – und nur dann – werden sie auch für *dich* eintreffen.
Warum ist das so?

MAN KANN NUR WEGGEBEN, WAS MAN SELBST BESITZT.

Wenn man jemandem etwas gibt, muss man dies ganz offensichtlich in seinem Besitz haben, sonst könnte man nicht jemanden damit beschenken. Das ist jedenfalls die Information, die der Verstand aus diesem Verhalten folgert. Wenn man also Liebe verschenken kann, muss Liebe ein Teil der persönlichen Erfahrung sein. Alles in dir, dein Körper, dein Geist, vor allem aber dein Verstand, kommt durch dein selbstloses Weggeben zu der Überzeugung, dass diese Erfahrung ein Teil von dir sein muss. Dein Verstand wird seine künftige Welt danach ausrichten und dir das, was scheinbar bereits in deinem Besitz sein muss, liefern. Er glaubt nämlich, er sei in Verzug, er habe etwas nicht richtig mitbekommen, und wird das Versäumte schnellstens nachholen.

>   Durch das Weggeben
>   erschaffst du es selbst in dir.

Wenn man etwas weggibt, fängt man an, es selbst zu sein. Diese Überzeugung entsteht durch kein Mantra, durch kein langes Meditieren, durch kein Vortäuschen falscher Tatsachen. Das einfachste Gesetz des Universums ist zugleich auch das wirkungsvollste.

>   Je mehr du an Liebe verschenkst,
>   desto mehr erschaffst du den Zustand in dir.

Und je mehr man den Zustand in sich erschafft, desto mehr manifestiert sich dieser Zustand in der eigenen Umwelt. Man wird neue, völlig unerwartete Erfahrungen machen. Neue Leute treffen, neue Begegnungen haben.

Wir alle kennen das Sprichwort: Wie man in den Wald hineinruft, so schallt es heraus.
Das gilt vor allem im emotionalen und energetischen Bereich. Durch das eigene Sosein zieht man es unwillkürlich in sein Leben. Wie ein Magnet, dessen Kraft nie versiegt. Da unsere äußere Welt sich immer nur nach unserer inneren Überzeugung gestaltet, wird sich also alles, was wir weggeben, sehr bald in unserem Leben vermehren.

Als ich einmal sehr unglücklich war und es nicht schaffte, mich selbst aufzumuntern oder gar abzulenken, erfuhr ich durch einen »Zufall« von einer guten Freundin, die gerade in ihrem Liebeskummer unterging und keinen richtigen Sinn mehr in ihrem Leben sah. Ich machte mir richtig Sorgen um sie, und als ich sie besuchte, tat es mit unglaublich weh, sie in diesem Zustand sehen zu müssen. Ich wollte sie aufheitern, auf andere Gedanken bringen und überlegte mir lauter Dinge, wie ich sie zum Lachen bringen konnte. Und siehe da, innerhalb kürzester Zeit brachte ihr Lachen auch mich zum Lachen. Wir beide spürten etwas wundervoll Verbindendes. Wir waren nicht allein mit unseren Gefühlen. Und schon bald war nicht nur *ihre* Trauer wie weggeblasen, sondern auch meine. Es gab noch immer den Schmerz und den Kummer, aber die Heiterkeit und das Gefühl von tiefem Glück überwogen. Auch bei mir, obwohl ich dies gar nicht beabsichtigt hatte. Aber ihr Glück strahlte auf mich zurück und weckte auch *meinen* eigenen inneren Reichtum, den ich nur durch andere Dinge verdeckt hatte.

> DIE LIEBE VERMEHRT SICH, WENN MAN SIE
> WEGGIBT, UND VERKÜMMERT, WENN MAN SIE
> FÜR SICH BEHALTEN WILL.

Die Liebe kommt also nicht nur zurück, sondern sie vervielfältigt sich und blüht in uns selbst auf.

Als ich 12 Jahre alt war und wegen einer Blinddarmoperation ins Krankenhaus musste, kam ich in die Kinderstation. Eigentlich gefiel mir das gar nicht. Als Schauspielerkind war ich in einer Welt von Erwachsenen groß geworden und fühlte mich für die Kinderstation schon viel zu alt. Aber bei den Erwachsenen waren alle Betten belegt, und so blieb mir nichts anderes übrig, als mich in mein Schicksal zu fügen.

Die Kinder nervten mich unglaublich. Sie waren laut, kreischten, weinten bei jeder Gelegenheit und bestätigten meine Vorurteile. Ich sehnte jedenfalls den Tag herbei, an dem ich wieder nach Hause durfte.

Als ich aber nach vierzehn Tagen endlich entlassen werden sollte, trat in dieser Station plötzlich eine Viruserkrankung auf, und niemand, auch ich nicht, durfte wegen der Ansteckungsgefahr wieder nach Hause.

Es gab viele Tränen, und keines der Kinder war von den Schwestern aufzuheitern. Am wenigsten ich. Hatte ich mich doch so gefreut, endlich dem täglichen Geschrei zu entkommen.

Aber als ich sah, wie deprimiert die Kinder waren, wie tatenlos sie herumsaßen, wie still und leise sie ihr Essen löffelten, schnappte ich mir ein Buch und fing an, ihnen daraus vorzulesen. Gleichzeitig baute ich lauter lustige

verrückte Geschichten mit den Namen der jeweiligen Kinder in die Handlung mit ein. Mit einem Mal war das Krankenhaus gar nicht mehr so düster. Die Kinder fingen wieder an zu lachen. Es begann uns richtig Spaß zu machen. Auch mir. Wir spielten Szenen nach, erfanden immer neue Geschichten und heckten Streiche aus. Vor allem aber musste ich immer wieder vorlesen, wobei nun auch die Ärzte und Schwestern in den halb erfundenen Kapiteln vorkamen. Und natürlich schnitten sie immer schlecht ab …
Nach zwei Wochen, als ich endlich aus dem Krankenhaus entlassen wurde, war mein Herz so voller Liebe zu den anderen Kindern, dass ich auch danach noch täglich in die Kinderstation ging, um ihnen vorzulesen und Zeit mit ihnen zu verbringen.
Durch das Verschenken von Glück hatte auch ich mein Glück gefunden. Durch das Verschenken von Mitgefühl und Liebe war es in mir selbst erwacht. Die Kinder liebten mich, und ich liebte sie. Es war nur ein kleiner Moment, der mich veranlasst hatte, meinen Stolz zu überwinden und ihnen etwas Liebe zu schenken. Ich habe sie hundertfach zurückbekommen.

Es ist so einfach. Möchte man, dass der Partner liebevoller mit einem umgeht, ist der schnellste Weg, einfach selbst liebevoller zu sein. Möchtest du mehr Zärtlichkeit, sei einfach selbst zärtlich.
Möchtest du glücklich sein, lass einen anderen glücklich sein, denn was du weggibst, kommt stets zu dir zurück.

15. Glücklichsein ist die schönste Form der Liebe

*Glücklich zu sein
ist das größte Geschenk,
das man seinem Partner machen kann.
Weil Glück ansteckend ist.*

Ken Keyes hat vor über sechzehn Jahren ein Buch geschrieben, das mich damals sehr berührt hat. Es heißt »Das Handbuch zum höheren Bewusstsein« und ist ein 12-Stufen-Programm zum Glücklichsein. Dieser Autor zeigte in jeder Zeile, wie erfüllt und glücklich er war, und verhalf mir damals zu einem tieferen Verständnis, warum mein Glück in meinem Leben nicht eintreten konnte.
Dieser Mann jedenfalls hatte alles, was ich nicht hatte. Er war glücklich. Umso größer war der Schock für mich, als ich las, dass er bereits mit 25 Jahren an Kinderlähmung erkrankt war und seitdem an den Rollstuhl gebunden ist. In diesem Moment verstand ich durch und durch, dass das tiefe Gefühl von Glück, wie er es beschreibt, tatsächlich vollkommen unabhängig von den äußeren Umständen ist. Entweder wir sind glücklich, jetzt, in dieser Sekunde oder nie.

Von Tag zu Tag, von Minute zu Minute erschaffen wir unser eigenes Glück durch unsere Überzeugungskraft.

Wir können natürlich auch unser *Unglück* und unsere Unzufriedenheit erschaffen. Damit sind wir übrigens sehr erfolgreich, denn das ist genau genommen das, was wir jeden Tag tun. In der Tiefe unseres Herzens sind wir nämlich davon überzeugt, dass wir jetzt in diesem Moment noch gar nicht glücklich sein können. Irgendetwas fehlt uns noch dazu.

Wir müssen erst noch etwas mehr Geld, Sicherheit, Macht, Anerkennung, Sex oder Prestige erlangen, um in den Zustand von Glück zu kommen; das versucht man uns jedenfalls, nicht zuletzt durch die Werbung, seit unserer Kindheit einzutrichtern. Kein Wunder also, dass viele von uns heute tatsächlich glauben, sie bräuchten nur endlich den »richtigen« Partner zu finden, ein Haus oder eine größeres Wohnung zu haben, den Superurlaub, etwas mehr Zärtlichkeit, ein tieferes Verständnis für sich selbst, mehr Wissen, mehr Spiritualität oder nur die Beförderung im Job, dann würden auch sie endlich ihr Glück finden.
Dieser Tag wird aber nie eintreffen. Es ist nämlich genau dieser Grundgedanke – ich brauche noch etwas, um glücklich zu sein –, der uns niemals glücklich sein lässt. Auf diese Weise schieben wir unser Glück einfach nur ständig in weite Ferne.
Viele von uns akzeptieren nicht einmal ihre Partnerschaft, wie sie ist. Obwohl sie einen Menschen gefun-

den haben, der bereit ist, das Leben mit ihnen zu teilen, bezweifeln sie, dass sie bereits jetzt in der Fülle leben könnten. Sie reden sich ein, dass sie in diesem Moment nicht glücklich sein könnten. Etwas Wesentliches fehlt ihnen in der Partnerschaft. Irgendetwas, von dem sie glauben, dass ihr Glück davon abhängen würde.
Erinnern wir uns, es gab mal eine Zeit, da hing ihr Glück davon ab, einen Partner zu finden. Jetzt haben sie einen und sind immer noch nicht glücklich! Dabei haben sie so gehofft, durch das Erreichen ihrer Wünsche emotional in Hochstimmung zu kommen. Aber genau das ist nicht geschehen. Dies ist auch nicht weiter erstaunlich. Denn wenn wir jetzt nicht in der Lage sind, Glück zu empfinden, werden wir es auch nicht können, wenn all das Erhoffte in unser Leben tritt.
Frag mal einen Lottomillionär. Seltsamerweise sind die meisten von ihnen inzwischen ärmer als jemals zuvor. Darüber hinaus haben viele ihre Arbeit, ihre Freunde und ihr soziales Umfeld verloren. Das Glück haben sie durch das Geld jedenfalls nicht gefunden.

> WENN WIR DIE VORSTELLUNG VOM GLÜCK IN DER ZUKUNFT AUFGEBEN, KÖNNEN WIR UNSER GLÜCK JETZT IN DIESEM MOMENT ERFAHREN.

Das bedeutet aber nicht, dass wir unsere Wünsche aufzugeben hätten, sondern nur unsere Bindung daran. Die Bindung ist es, die uns unglücklich macht. Wünsche sind etwas Wundervolles in unserem Leben, weil sie uns ein Ziel vorgeben, einen Weg aufzeigen, den wir künftig beschreiten wollen. Wir entwickeln uns also dem Wunsch entgegen.

Es gibt aber keinen einzigen Grund, warum wir bis zum Eintreffen unserer Wünsche unglücklich sein sollten. Denn auf diese Weise wären wir für immer unglücklich, weil wir – immer wieder aufs Neue – Wünsche in uns tragen, egal wie viele sich bereits erfüllt haben. Die Erfüllung von Wünschen hat also nichts mit unserem Glück zu tun. Glück hat auch nichts mit den äußeren Umständen zu tun. Auch wenn man uns das noch so sehr einzureden versucht.

Glück erfahren wir nur dann, wenn wir alles in unserem Leben so lassen können, wie es ist. Alles, auch unseren Partner. Nichts anderes tun wir zum Beispiel in der Verliebtheitsphase. Wir akzeptieren und lieben alles, was uns in diesem Augenblick umgibt. Selbst alle anderen, bisher ungeliebten Dinge unseres Lebens erscheinen plötzlich in einem positiven Licht, ohne dass sie sich wirklich verändert hätten. Wenn wir verliebt sind, akzeptieren wir das Leben in *allen* Bereichen und sind deswegen durch und durch zufrieden und glücklich.

Wenn wir dagegen die Dinge nicht annehmen, wie sie sind, sondern glauben, alles um uns herum verändern zu müssen, damit es unserer Vorstellung von Glück entspricht, führen wir ein Leben im Kampf und in der Unzufriedenheit.

GLÜCK UND SUCHTHAFTES VERLANGEN SCHLIESSEN SICH AUS.

Durch unser suchthaftes Verlangen nehmen wir nämlich nur die Dinge wahr, die uns vermeintlich zu unserem Glück noch fehlen, anstatt uns auf das zu konzentrieren, was das Leben uns in seiner Fülle bereits zu bieten hat. Wir nehmen also wesentlich stärker die Unzufriedenheiten wahr als das, was uns bereits glücklich macht. Wir fixieren uns regelrecht auf das, was nicht in unserem Leben ist.

> WIR NEHMEN DAS WAHR, WAS NICHT IST,
> ANSTATT DAS ZU NEHMEN, WAS WAHR IST.

Und genau dadurch schneiden wir uns von der eigenen Freude ab, weil wir fast alles in unserem täglichen Leben nur aus dieser suchtbelasteten Wahrnehmung heraus bewerten.

Wir haben Angst, dass uns die Zeit wegläuft, dass andere uns an unseren Zielen behindern oder sie vielleicht sogar vor uns erreichen könnten. Wir fühlen uns bedroht, treten in Konkurrenz, empfinden Neid und Wut oder Langeweile, leben im vermeintlichen Mangel und werden immer ungeduldiger und ungerechter, wenn wir vom Leben nicht das bekommen, was wir glauben haben zu müssen.

Solange wir an diesen Forderungen festhalten, werden wir niemals friedvoll, bewusst oder liebevoll sein können und vor allem niemals glücklich. Weil wir all die Wohltaten, Geschenke, Erfahrungen und eben auch die Liebe, die man uns entgegenbringt, nicht wahrnehmen. In unserer Vorstellung findet das Glück nur dort statt, wo wir uns gerade nicht befinden. Auf diese Weise erkennen wir oft nicht, wie sehr wir bereits geliebt werden und was wir alles bekommen könnten, wenn wir nur bereit wären, dies zuzulassen. Stattdessen erschaffen wir eine Welt der Unzufriedenheit, die sich von Minute zu Minute selbst bestätigt.

Dies ist nicht der Versuch, dich ruhig zu stellen, sondern nur dir mitzuteilen, wie sich die Wahrheit verhält. Glück erfahren wir nur, wenn wir alles akzeptieren, was gerade jetzt im Augenblick in unserem Leben ist, und als Chance zur eigenen Entwicklung sehen. Glücklich sind wir, wenn wir loslassen können. Wenn wir keine Forderungen mehr stellen, wie etwas zu sein hat. Solange wir gegen die Situation, in der wir uns befinden, ankämpfen, erkennen wir nicht den wahren Grund für unser Unglücklichsein. Und der ist immer in uns selbst zu suchen.

Es ist unsere Betrachtungsweise,
die uns glücklich oder unglücklich sein lässt.

Mit dem Glück ist es ein bisschen wie mit der Geschichte von dem Fischer, der tagaus und tagein ruhig und gelassen ins Meer schaut. Ab und zu fängt er ein paar Fische und bringt sie nach Hause. Dann sitzt er wieder mit seiner Angel am Meer.
Eines Tages kommt ein weit gereister Stadtmensch, der Manager einer großen Fondsgesellschaft ist, und setzt sich zu dem Fischer. Er betrachtet ihn lange und aus-

giebig und versteht nicht, wie dieser schlichte Mensch in seiner kleinen Fischerhütte so zufrieden und glücklich sein kann. Er fragt ihn, ob er denn nichts vermissen würde. Der Fischer sieht ihn nur verständnislos an.
»Ein Boot zum Beispiel«, sagt der Manager, »dann könntest du doch viel mehr Fische fangen.«
»Und dann?«, fragt der Fischer.
»Dann wirst du reich.«
»Und dann?«
»Dann könnest du Leute einstellen, die für dich mit dem Boot rausfahren und für dich das Geld verdienen.«
»Und dann?«
»Dann müsstest du nicht mehr arbeiten und hättest viel Freizeit.«
»Und dann?«
»Dann könntest du zum Beispiel hier sitzen und aufs Meer schauen.«
Der Fischer sieht in belustigt an. »Aber ich tue doch jetzt schon nichts anderes.«

Solange wir glauben, das Glück müsse eine besondere Form haben, verpassen wir die Gelegenheit, ganz einfach nur Freude zu empfinden. Freude ist übrigens Ausdruck von Glück.
Wenn wir glauben, keine Freude empfinden zu können, stehen wir den Dingen oft sehr gleichgültig gegenüber. Die Sterne funkeln am Himmel, aber wir blicken nicht einmal auf. Zwei Vögel spielen in einer Pfütze, aber ihr Anblick kann uns nicht erfreuen. Die Herbstblätter zeigen die schönsten Farben, aber wir bleiben ungerührt. Kinder lachen, ein Schmetterling tänzelt vor

unseren Augen, ein Kleinkind klammert sich an unserem Bein fest, bevor es seinen ersten Schritt tut, doch wir warten gleichgültig auf das Glück, das doch irgendwann einmal kommen muss.

GLEICHGÜLTIGKEIT IST SCHLICHTWEG
DAS GRÖSSTE UNGLÜCK.

Wenn man in einer gleichgültigen Haltung feststeckt, ist es wahrlich schwer, in diesem Leben auch nur den Funken von Glück zu erfahren. Wahres Glück finden wir nur, wenn wir uns *entscheiden,* glücklich zu sein.

DIE EINFACHSTE UND SCHNELLSTE FORM, DAS GLÜCK
ZU FINDEN, IST, DAS AUGENMERK AUF DAS ZU RICHTEN,
WAS BEREITS GLÜCK BEREITET.

Erst wenn wir beginnen, mit den Dingen um uns herum im fließenden Einklang zu stehen, anstatt sie zu bekämpfen, können wir das ganze Potenzial des gegenwärtigen Augenblicks nutzen. Erst dann beginnen wir zu lieben. Glück erreichen wir nur, wenn wir lieben, und nicht, wenn wir glauben, Bedingungen schaffen zu müssen, um zu lieben.

Wer liebt, ist glücklich. Wer glaubt, etwas ändern zu müssen, um lieben zu können, wird dem Glück niemals nahe kommen.

Glück und Liebe haben übrigens die gleiche Wellenlänge, sie ergänzen sich gegenseitig.
Wenn mich etwas tief berührt, bin ich glücklich. Wenn ich liebe, bin ich tief berührt.
Vor allem aber machen wir, wenn wir glücklich sind, auch unseren Partner glücklich. Sein Leben an unserer Seite hat einen Sinn, denn er ist Teil unseres Glücks. Und wenn unser Partner beginnt, glücklich zu werden, strahlt dieses Glück auf uns ab. Denn nun hat auch unser Leben an seiner Seite einen Sinn, denn wir sind es, die ihm zu diesem Glück verhelfen.

> WAS WIR AN GLÜCK FÜR UNS SELBST ZULASSEN,
> SCHENKEN WIR AUCH UNSEREM PARTNER.

Glück entspricht immer dem, was wir für uns selbst zulassen und bereit sind, uns selbst zu geben. Es geht nicht darum, was du noch alles tun müsstest. Du bist bereits am Ziel. Du hast vielleicht nicht alles, was du gern haben möchtest, es gibt noch viele unerfüllte Wünsche, aber du hast bereits alles, was du brauchst, um glücklich zu sein. Du musst keine 20 Kilo abnehmen, keine Schönheitsoperation hinter dich bringen, keinen intensiven Sport treiben, keine teuren Kleider tragen, keine größere Wohnung haben und keinen Liebhaber, um glücklich zu sein.
Glück entsteht ganz einfach, wenn wir beginnen, glücklich zu sein.
Es ist immer nur eine Entscheidung.
Es ist deine Entscheidung.
Fang einfach damit an.

Glücklich zu sein ist das grösste Geschenk, das man seinem Partner machen kann.
Weil Glück ansteckend ist.

Glücklichsein ist die schönste Form der Liebe.

16. Die Magie des Küssens

*Im tiefsten Sein berührt,
ist Küssen die wundervollste Ausdrucksform
unseres Glücklichseins.*

Am Anfang einer Beziehung küssen wir ziemlich viel. Da müssen wir nicht daran erinnert werden. Wir sind glücklich und erfahren alle Arten von Küssen: zaghafte, scheu gehauchte, zärtliche, verführerische, mutige und wilde. Wir bekommen sie zum Abschied oder zur Begrüßung, als Liebesbeweis, zur Steigerung der Leidenschaft, als Einschlafhilfe oder geben sie früh am Morgen, glücklich, den geliebten Partner an unserer Seite zu haben. Küssen gehört zur Verliebtheit. Wir brauchen keine Argumente, keine Aufforderung. Wir tun es, weil wir einem inneren Antrieb folgen.

Erst im Laufe der Zeit werden wir mundfauler und vergessen völlig die umfassende Wirkung vom Küssen. Da benutzen wir das Küssen oft nur noch als Einleitung zum Sex. Oder zur Abwehr vom Sex, schnell, flüchtig und abweisend. Manchmal küssen wir auch als Absicherung von Besitz oder um unserem Partner einfach nur eine Freude zu bereiten. Küssen erfüllt in dieser Phase der Partnerschaft meist einen bestimmten Zweck und ist nichts Aufregendes mehr. Wir tun es nur noch selten, aber wir tun es.

Wirklich lebensnotwenig für eine Partnerschaft wird das Küssen spätestens dann, wenn wir nicht einmal mehr diese Form der Zärtlichkeit vermissen. Meist lebt man dann in hoffnungsloser Gleichgültigkeit wie ein Geschwisterpaar zusammen. Der Alltag geht immer mehr im Organisieren unter, und Sticheleien sind an der Tagesordnung. Im Gegensatz zur Verliebtheitsphase haben wir nun genügend Argumente, warum wir *nicht* küssen wollen. Wir befürchten, dass es in Sex übergehen könnte, wir haben uns *gerade* die Zähne geputzt oder noch *nicht,* wir sind zu verschlafen oder viel zu wütend, als jetzt so einen Blödsinn zuzulassen, zu gestresst, zu abgelenkt, zu ungeduldig oder zu verletzt. Gründe gibt es jedenfalls genügend, einen Kuss zu verweigern.

Aber gerade dann! Wenn man keine Worte mehr zur Verfügung hat, sollte man einfach mal wieder küssen. Durch das Küssen harmonisiert man sein Wesen mit dem des Partners.

Mehr als es tausend Worte je könnten, mehr als durch alle Gesten der Welt, verständigen sich die Körper der Liebenden durch das Küssen auf eine ganz eigene Weise und gleichen Disharmonien aus. Beim Küssen gibt es keine Rechthaberei mehr, keinen Zorn, keine Wut, keine Scham. Wenn wir uns küssen, ohne die Erwartung zu haben, dies gleich in Sex übergehen lassen zu müssen, bringen wir uns wieder auf gleiche Wellenlänge. Wir tauschen einen genetischen Code aus. Wir werden wieder zu einem Paar, werden wieder eingestimmt, das Leben gemeinsam zu meistern. Küssen erinnert uns wieder, wie hoffnungsvoll wir einmal miteinander begonnen haben.

Küssen ist intimer als Sex. Nicht umsonst küssen Huren nicht. Kein Wunder, denn ...

... KÜSSEN FÖRDERT DIE LIEBE ZUTAGE.

Wenn wir tief und innig küssen, können wir nicht lange unser Herz verschließen, denn der Kuss holt uns wieder zurück und bringt uns dazu, uns wieder auf den Partner einzulassen.

Wenn du also Luft holst, weil dir eine scharfe Erwiderung auf der Zunge liegt, wenn du küssen als albern, überflüssig, lästig oder gar sinnlos empfindest, ist jetzt spätestens der Zeitpunkt zum Küssen gekommen. Willst du mit deinem Partner oder deiner Partnerin weiterhin zusammen sein, möchtest du aus dem Streit ausbrechen, dann küsse! Küsse vor allem dann, wenn es keinen Grund gibt zu küssen. Küsse lang anhaltend, liebevoll und lasse dich ganz und gar darauf ein.
Küsse nicht theoretisch. Durch das Lesen wirst du das Küssen nicht erfassen. Lege das Buch zur Seite und küsse. Jetzt. Lass dich nicht abwimmeln. Bestehe darauf. Küsse. Harmonisiert eure Wesen und holt euch die Liebe zurück.
Ach, habe ich schon gesagt, dass du küssen sollst? Und zwar jetzt. Jetzt bist du motiviert. Schon in zehn Minuten haben deine Argumente wieder Oberhand gewonnen. Küsse jetzt.
Ich jedenfalls mache jetzt eine Pause, denn ich gehe jetzt ... küssen.

Küssen hält nicht nur die Partnerschaft lebendig, sondern ist auch extrem wichtig für unsere Gesundheit und unseren Hormonhaushalt. Beim Küssen wird das Glückshormon Serotonin freigesetzt, und das macht uns ausgeglichener und gelöster. Gleichzeitig wird das Verliebtheitshormon Phenylethylamin ausgeschüttet und löst Hochgefühle aus. Wir bekommen Herzklopfen und die berühmten Schmetterlinge im Bauch; bestes Training für den Kreislauf. Darüber hinaus produziert die Bauchspeicheldrüse beim Küssen vermehrt Insulin, und das Immunsystem schickt Abwehrzellen durchs Blut. All das bewirkt, dass Menschen, die gern küssen, bis zu fünf Jahren länger leben. Küssen ist also die beste und billigste Gesundheitsvorsorge, die wir uns gegenseitig schenken können.

Ich hoffe, du bist noch unterwegs. Beim Küssen.
Denn küssen hilft uns, die Liebe wieder zurückzuerobern.

17. Das Wunder des Lächelns

Suchst du einen Grund zu lächeln, lächele einfach,
und tausend Gründe werden sich dir offenbaren.

Nicht immer ist es einfach, die Liebe in sich zu spüren. Vor allem dann nicht, wenn man sich ärgert, sich zurückgesetzt fühlt, verletzt oder gar verlassen worden ist. Gründe gibt es jedenfalls tausende, die Liebe nicht mehr zulassen zu wollen oder zu können. Viele von uns kennen diese Gründe nur zu genau. Es mag daher nicht immer leicht erscheinen, zu seiner Liebesfähigkeit zurückzufinden. Vor allem dann nicht, wenn die Verletzungen der Liebe tiefe Wunden geschlagen haben.

Natürlich wissen wir, dass wir nur dann geliebt werden, wenn wir uns selbst lieben, und wir nur, wenn wir die Liebe in uns spüren, sie auch außen wahrnehmen und empfangen können. Obwohl wir das wissen, sind wir oft nicht fähig, diese Grundvoraussetzung für die Liebe zu schaffen. Wir finden in uns keine Liebe und können sie deshalb auch nicht nach außen wirken lassen.
Wie anders ist dies, wenn wir glücklich sind. Wenn unser Wesen erfüllt ist von Liebe und tiefster Zufrieden-

heit, dann zeichnet sich dies auch in unserem Äußeren ab. Wir alle kennen das. Unser ganzes Erscheinungsbild reagiert auf unseren inneren Zustand und gleicht sich diesem an. Sind wir aus tiefster Seele glücklich, beginnen wir zu strahlen und haben einen mitreißend lebendigen Blick. Wir geben uns »neu« und vollständig anders.

Sind wir glücklich,
verändern wir uns von innen nach aussen.

Auf ganz ähnliche Weise können wir uns aber auch von *außen* nach *innen* verändern, denn die wundervolle Wechselwirkung von Körper und Seele wirkt nicht nur in eine Richtung. Unser inneres Wesen reagiert im gleichen Maße auf unseren Körper, wie es auch umgekehrt geschieht.

Die Indianer haben ein Sprichwort, das folgendermaßen lautet: Wir lächeln unseren Hass so lange weg, bis er nicht mehr existiert.
In diesem Sprichwort steckt mehr Wahrheit, als wir ahnen. Lächeln ist nämlich eine hervorragende Möglichkeit, auf unser ganzes Wesen von außen einzuwirken.
In unserem Gesicht gibt es über dreihundert Muskeln. Sind wir zum Beispiel wütend oder ängstlich, spannen wir die meisten dieser Muskeln an und rufen ein Gefühl von Ernst und Starrheit in unserem gesamten Körper hervor, und es kann sich kein Gefühl von Liebe entwickeln. Beim Lächeln dagegen entspannen wir

diese Muskeln und wirken auf äußerst intensive Weise auf unseren Körper und Gemüt ein.

LÄCHELE DEINE SORGEN EINFACH WEG.

Das ist genauso einfach, wie es klingt, denn der Körper beginnt, auf das Lächeln zu reagieren. Auch wenn es scheinbar grundlos geschieht. Das innere Wesen steht in einer harmonischen Wechselwirkung zum Äußeren und entspannt sich durch so etwas »Simples« wie Lächeln ebenfalls.
In der Tat bringt lächeln uns selbst in eine so positive Grundstimmung, dass wir beginnen, die Dinge von einem anderen Blickwinkel aus zu betrachten. Das Augenmerk sucht nicht länger nach den Zweifeln, sondern entdeckt Harmonisches, Ausgleichendes, Liebenswertes.
Die Zweifel, die Sorgen, die Ängste werden tatsächlich weggelächelt, weil unser Inneres sich dem Lächeln nicht verschließen kann. Die Grundstimmung harmonisiert sich, und es stellt sich ein friedliches Gefühl ein. Die Energien beginnen wieder zu fließen und schenken uns Wohlbehagen und das Gefühl von Lebendigkeit und Liebe.

Aber warum sollte man lächeln, wenn man überhaupt keine Freude empfindet? Die Antwort ist ganz einfach: damit die Freude wieder zurückkehrt. Wenn man wartet, bis irgendein Erlebnis von außen Freude in einem hervorruft, ist man abhängig von äußeren Impulsen.

Wenn man dies so möchte, ist das durchaus in Ordnung. Aber möglicherweise muss man lange warten. Vielleicht vergräbt man sich beim Warten immer tiefer in seine Missstimmung. Vielleicht verschließt man sich in dieser Zeit so sehr, dass irgendwann ein Lächeln nicht mehr reicht, sich zu öffnen.

Ich persönlich warte jedenfalls ungern. Ich bleibe lieber selbstständig und bin nicht gern abhängig von äußeren Einflüssen. Ich finde es schön, für mich selbst zu sorgen und die Verantwortung für meine Gefühle zu übernehmen.

Diese kleine Übung des Lächelns hat jedenfalls mein Leben ziemlich verändert. Sie ist in der Tat genauso einfach wie effektiv. Inzwischen reicht es manchmal schon, mir nur *vorzustellen,* wie ich lächle, um zu meiner Zufriedenheit zurückzufinden. Manchmal lächle ich auch meinem Spiegelbild zu. Oder ich lächle beim Einschlafen.

Wenn man nämlich beim Einschlafen lächelt, wacht man meistens wieder mit einem Lächeln auf.

Die schönste Erfahrung, die ich gemacht habe, ist, mir selbst Zuneigung zu schenken, beispielsweise durch ein Lächeln. Dadurch beginne ich, mich unweigerlich selbst zu mögen. Und wenn man sich selbst mag, wird man auch von anderen gemocht.

Es gibt jemanden, der dich liebt.
Und diese Person bist du.

Noch intensiver ist diese Wirkung beim Lachen. Richtig lautes Lachen bringt uns in eine fast euphorische Stimmung. Menschen, die ein Lachseminar besucht haben, sagen anschließend alle, dass sie sich nun wesentlich glücklicher fühlen. Dabei hat sich in ihrem Leben nichts geändert. Sie haben noch immer die gleichen Sorgen, die gleichen Umstände und Situationen. Dennoch fühlen sie sich glücklich. Sie haben einfach von außen auf ihr Inneres eingewirkt und sich so wieder ihrer eigenen Liebesfähigkeit genähert.

UNSERE AUSSENWELT STEHT IN EINER ENGEN
WECHSELWIRKUNG ZU UNSERER INNENWELT.

Schaffen wir es nicht, von innen nach außen zu wirken, beeinflussen wir unser Gemüt eben von außen. Am besten, du beginnst einfach mal zu lächeln. Völlig grundlos. Und zwar jetzt. Und dann beobachte mal, was mit dir passiert.

Im nächsten Schritt lächelst du deinen Partner an. Auch wenn er es in diesem Moment nicht verdient. Tue es einfach. Und achte einmal darauf, was geschieht. Ein Lächeln, das von Herzen kommt, öffnet uns wieder für die Liebe. Ein Lächeln, beredter als tausend Worte, heilt alle Wunden und schlichtet jeden Streit.

LÄCHLE, UND DIR WIRD EIN LÄCHELN BEGEGNEN.

Lächeln wirkt nicht nur auf die eigene Seele, sondern auch auf die Seele des Partners. Ein Lächeln wirkt ansteckend, man kann sich ihm einfach nicht entziehen. Selbst im Streit wirkt ein Lächeln unglaublich entwaffnend, wenn es von Herzen kommt. Liegen dir also noch so viele Worte auf der Zunge, fallen dir vielleicht tausend Argumente ein, halte sie zurück und lächle einfach. Kein Wort der Welt hat die gleiche Kraft wie dein Lächeln.

Wenn ein Lächeln dich einmal aus der Einsamkeit oder tiefster Traurigkeit gerettet hat, wirst du es niemals wieder vergessen. Genauso kann es anderen ergehen, die von deinem Lächeln erfasst werden.

Ein Lächeln streichelt die Seele
auf wundersame Weise.

Ein Lächeln lässt alle Härte im Leben weich werden und bringt sie zum Schmelzen. Suchst du einen Grund, um zu lächeln, lächle einfach, und es werden sich dir tausend Gründe offenbaren.

Verschenken wir nur ein einziges Lächeln,
werden uns unzählige begegnen.

18. Sprechen sollte nur, wer mehr zu sagen hat als die Stille

*Stille ist nicht die Abwesenheit
von Aufregung,
sondern die aufregende Anwesenheit
von Nähe.*

Aus der Stille heraus entstehen die tiefsten Gefühle und Emotionen. Wir spüren, wie wir dem anderen nahe sind. Stille ist immer kraftvoll und verstärkt den Augenblick. Verwechsle sie nicht mit Langeweile.

Gemeinsames Schweigen kann sehr kraftvoll sein. Haben wir jemals solche Augenblicke erlebt, so erinnern wir uns noch oft an sie, mögen sie auch noch so lange zurückliegen. Oft haben wir sie noch immer präsent, als wäre es erst gestern geschehen.
Vielleicht war ein solcher Augenblick der Stille ein Sonntagnachmittag im warmen Sommerregen, ein Bad im kalten Fluss oder der Lauf mit nackten Füßen durch den kühlen Morgentau. Vielleicht war es auch mit unserem Partner, auf einer Wiese, Arm in Arm, absichtslos in stillem Frieden, die Blicke ineinander getaucht. Oder erschöpft, nach den Momenten hitziger Leidenschaft.

In diesen Momenten der Stille haben wir etwas gefühlt, das größer war als alles Bisherige. Das Gefühl war so intensiv, dass das Glück zum Greifen nah schien. Diese Augenblicke hatten etwas Geborgenes, tief Beseeltes und ungeheuer Kraftvolles. Für einen Augenblick waren wir am Ziel angekommen. Für einen Augenblick haben wir das Einssein mit der Natur oder die Nähe zu unserem Partner erkannt. Wir waren verbunden. Wir liebten und wurden geliebt.

Der Verstand ist vergesslich, aber was das Herz bewahrt, bleibt uns lange im Gedächtnis.

Stille heißt also nicht, dass wir aufhören, zu reden oder aktiv am Leben teilzunehmen. Stille ist, miteinander zu kommunizieren, auf einer anderen, tieferen Ebene. Stille ist Ausdruck tiefer Zusammengehörigkeit, ohne den Zwang, etwas erklären zu müssen. Stille ist das Gegenteil von Unterdrücken und Sprachlosigkeit.

In der Stille wirst du mehr von dir und deinem Partner erfahren, als es tausend Worte jemals können.

So wichtig das Plaudern und Kommunizieren in der Partnerschaft ist, so wichtig ist es, immer wieder gemeinsam den Mut aufzubringen, in die schweigende Kraft der Stille einzutauchen.

Viele Missverständnisse, viele Reibereien würden gar nicht erst entstehen, wenn wir öfter die Tiefe in unserer Partnerschaft zulassen würden. Im Spüren der gemeinsamen Tiefe, spüren wir auch wieder die gemeinsame Vergangenheit, die überstandenen Stürme und Krisen, die Zusammengehörigkeit und das Verbindende unserer Liebe. Durch Stille erfahren wir das wahre Wesen der Partnerschaft.

DAS HERZ WEISS SCHWEIGEND BESCHEID.

Dennoch möchten wir oft durch Worte erfahren, was wir durch die Sprache nicht erfassen können. Wir wollen Beweise der Liebe und ahnen nicht, dass wir gerade durch die Forderung nach Sprache das tiefe Gefühl, das wir in uns so erfüllend spüren, an die Oberfläche der Nichtigkeit zerren. Sprache kann unter Umständen banalisieren und tiefe Erlebnisse ihrer Wesentlichkeit berauben.

Wir alle kennen das, wenn wir beispielsweise berichten wollen, wie berührend oder einschneidend ein Erlebnis war. Denn dann merken wir plötzlich, wie kraftlos unsere Worte klingen. Die Sprache zwingt Emotionen in das Korsett von Worten. Worte können aber niemals tief empfundene Gefühle ausdrücken. Am Schluss bleiben uns nur die Worte, und das tief erlebte Gefühl verflüchtigt sich. Wir haben uns selbst der Gefühle beraubt. Die innere Wahrheit lässt sich eben manchmal nur schwer in Worte fassen.

SPRECHEN SOLLTE NUR, WER MEHR ZU SAGEN HAT
ALS DIE STILLE.
SPANISCHES SPRICHWORT

Stille ist, sich selbst zu spüren. Und seinen Partner, der da ist. Der für uns da ist.
Ohne die Kraft der Stille fühlen wir mit der Zeit eine seltsame Leere und Einsamkeit. Wir vermissen den tieferen Sinn und die Verbundenheit.

Wahres Glück erleben wir auch nicht im unmittelbaren Rausch der Sinne. Vor allem bei der Sexualität ist es oft die Stille danach, die Nähe oder Distanz schafft. In den Momenten der Erschöpfung bietet die Stille die Chance, eine andere Innigkeit und tiefere Vertrautheit entstehen zu lassen. In dieser Stille können wir alles loslassen. Wir müssen nichts mehr vorgeben zu sein. Stille ist tiefe Berührung.

Erst im gemeinsamen Schweigen, das oft beredter ist als tausend Worte, erfahren wir wirklich tief erfüllende Nähe. Wenn wir mit unserem Partner schweigen können, können wir mit ihm auch wirklich reden, ohne leere Worthülsen von uns zu geben. Wir können Nähe zulassen, weil wir der Nähe vertrauen.

EIN PAAR, DAS DER STILLE VERTRAUT,
VERTRAUT AUCH SICH SELBST.

19. Mit dem Herzen denken

Wer vergleicht, liebt nicht mehr.
Wer liebt, vergleicht nicht mehr.
Hazrat Inayat Khan

Wir denken unentwegt. Das heißt, wir glauben, dass wir denken, doch dies ist nicht der Fall. Nicht wir denken, sondern unser *Verstand* denkt. Und das tut er völlig selbstständig. Das meiste davon ist sogar vollkommen sinnloses Zeug. Es hilft uns in keiner Weise. Es hält uns nur vom wirklichen Erleben ab.
Viele von uns sind diesem ewigen Geplapper regelrecht ausgeliefert. Wir können es weder beeinflussen noch ändern. Denn denken ist kein aktiver Teil von uns.

Denken ist kein freier Willensakt, bei dem wir mitreden können.

Genauso falsch wäre es zu sagen: »Ich lasse mein Herz schlagen.«
Oder: »Ich veranlasse meine Lungen, sich mit Sauerstoff zu füllen.«
Das Herz schlägt, wie es möchte. Wir können es nicht

anhalten. Die Lungen atmen selbstständig, auch wenn wir schlafen, auch wenn wir nicht darauf achten, auch wenn wir es nicht möchten.

Genauso ist es mit dem Denken. Es widerfährt uns, es bestimmt unser Leben und unsere Handlungsweisen. Wir geraten in Wut, in Euphorie oder entwickeln Ablehnung, ohne vorhersagen zu können, wann dieser Zustand eintreten wird.

Ich kann meinen Partner zum Beispiel wundervoll finden, mit ihm eine großartige Zeit verbringen, den tollsten Sex aller Zeiten haben, aber ein Satz, eine Bemerkung kann das Denken in Schwung bringen. Aus dem scheinbaren Nichts heraus kann man, vom Denken beeinflusst, plötzlich Eifersucht entwickeln, misstrauisch werden, einen Streit entfachen oder andere törichte Dinge tun. Schon die kleinste Geste kann etwas Ungutes in Erinnerung rufen, und plötzlich wittert der Verstand Gefahr und baut Gräuelbilder vor unserem geistigen Auge auf. Wir nehmen das wundervolle Erlebnis mit unserem Partner nicht mehr als das wahr, was es ist, sondern beginnen zu denken, zu hinterfragen.

»Liebt er mich wirklich? Sagt er mir die Wahrheit? Ist es gut, was ich mache? Kommt es an? Vielleicht gefalle ich ihm gar nicht mehr. Werde ich noch mehr bekommen? Wie hat er das gemeint? In meiner letzten Beziehung haben wir mehr geredet. Gestern war es besser. Ich will nicht noch einmal so enttäuscht werden. Wenn er nichts sagt, hat es ihm nicht gefallen. Wenn er mich jetzt schon so behandelt, wie wird er es dann in der Zukunft tun?«

Diese unkontrollierte Flut an Gedanken erzeugt Trennung. Wir »hirnen« so lange herum, bis wir der Liebe nicht mehr trauen. Ohne es zu wissen, bauen wir an der Zerstörung von Vertrauen und Nähe, bis unser Verstand mit seinem ständigen Denken tatsächlich Recht bekommt. Die Ursache war jedoch eine ganz andere. Nicht dem Partner war nicht zu trauen, sondern unser Denken hat so lange an unserem Verhalten gearbeitet, bis wir dem Partner nicht mehr vertraut haben. Und damit selbst die Trennung herbeigeführt haben.

Solange wir glauben, dass *wir* denken, haben all diese Gedanken Macht über uns. Sie ergreifen Besitz von unserem Leben und bestimmen unsere Zukunft. Wir wittern Gefahr, wo es keine gibt, wir misstrauen Gefühlen, wo sie echt wären, verweigern uns der Liebe und reden uns Dinge ein, die so gar nicht stattfinden. Der Verstand hilft uns nicht einmal, einen Streit zu beenden. Ein Streit, der eigentlich nur klein und unwichtig gewesen wäre, arbeitet manchmal endlos in unserem Verstand weiter. Wir alle kennen das.
»Wie kommt er überhaupt dazu, mir so etwas zu sagen? Wahrscheinlich fehlt ihm die Achtung vor mir. Wahrscheinlich hat er es nur gesagt, weil er mich darauf vorbereiten will, dass er lieber mit jemand anderem zusammen sein möchte. Beim nächsten Mal wird er den Streit eskalieren lassen, damit er einen Grund hat, mich zu verlassen. Bestimmt plant er schon etwas. Ich muss darauf vorbereitet sein. Ich darf nicht so sorglos mit ihm umgehen. Ich muss auf der Hut sein. Am besten ist es, wenn ich ihm zuvorkomme. Wahrscheinlich lacht er jetzt über mich. Er findet mich lächerlich und erzählt seinen Freunden seine Version. Wahrscheinlich erzählt

er auch noch, dass ich gestern im Bett keine Lust hatte.«

Keiner dieser Gedanken muss zwangsläufig der Wahrheit entsprechen. Keiner davon hat etwas mit dem eigentlichen Streit zu tun. Man hat sich einfach nur die Meinung gesagt und ist vielleicht immer noch unterschiedlicher Auffassung, aber mehr gibt es darüber nicht nachzudenken. Würden wir nicht interpretieren und hineindeuteln, wäre der Streit anschließend sofort wieder beigelegt. Erst das Denken macht daraus eine große Sache. Wir halten den Streit in unserem Geist aufrecht, wir erwidern und beschimpfen, wir mutmaßen und vergrößern den Zwist. Wir spinnen die Geschichte ewig weiter. Manchmal noch Tage oder Monate oder sogar Jahre. Selbst nach Ewigkeiten bringen wir alte Geschichten wieder zum Vorschein. Und meist helfen sie nicht, den Streit zu schlichten, sondern verschlimmern ihn nur.

Nun gibt es aber für den Verstand nicht nur den einen Streit, sondern tausende von Gegebenheiten, die er nicht loslassen kann oder in die er sich hineinsteigert, ohne dass sie in Wirklichkeit überhaupt existieren würden.

Es ist so wie bei dieser Geschichte, wo ein Mann aus dem Erdgeschoss von seinem Nachbarn aus dem Dachgeschoss einen Hammer ausleihen will. Mit jedem Stockwerk kommt er mehr aus der Puste und überlegt all die negativen Antworten, die ihm sein Nachbar entgegnen könnte. Oben angekommen haben ihn seine Gedanken bereits so in Rage gebracht, dass er seinem verdutzten Nachbarn nur noch ein wütendes »Behalten Sie doch Ihren Scheißhammer« entgegenbrüllt.

Genauso geht es uns. Nicht selten bekommt unser

Partner etwas vor den Latz geknallt, das er weder erwartet noch wirklich verdient hat. Unsere Gedanken haben uns einfach nur eine »Wirklichkeit« gebaut, die so gar nicht stattfindet.

Manche Menschen sind sogar so mit ihrem Denken beschäftigt, dass sie nicht mehr wirklich an der Partnerschaft teilnehmen. Wenn sie sich unterhalten, hören sie nicht richtig zu. Sie arbeiten bereits an den Antworten, ohne den Hintergrund der Frage erfasst zu haben. Sie sind dann meist nicht wirklich anwesend. Sie werden so vom Denken beansprucht, dass ihre ganze Aufmerksamkeit nur danach ausgerichtet ist.
Noch erstaunlicher ist, dass sie nur zu gerne erfahren würden, was ihr Partner denkt. Dabei ist auch das vollkommen unwichtig. Denn unser Denken verändert sich ständig. Nur ein einziger Impuls von außen kann uns sofort wieder anders denken lassen. Denken ist also von äußeren Einflüssen abhängig. Denken ist genauso schnelllebig und wankelmütig wie unsere Erlebnisse, die wir haben.

Würde man diese Art zu handeln völlig neutral betrachten, zum Beispiel von einem Außerirdischen, würde er schnell »denken«, dass bei den Menschen ein Programmfehler aufgetreten sei. Stimmt. Nichts anderes ist es genau genommen.
All die schlechten Erfahrungen in unseren früheren Partnerschaften wiederholen wir nur deshalb, weil unser Verstand uns glauben macht, die Welt würde sich auch jetzt und in weiterer Zukunft exakt wieder so verhalten wie damals.

Unser Verstand kann nämlich nicht mit der Gegenwart umgehen. Er sucht ständig nach Lösungen, und die findet er nur in der Vergangenheit. Deshalb wird unser Denken nur von unserer Vergangenheit bestimmt. Von all den Erlebnissen und Lösungen, die wir bereits gemacht haben. Das bedeutet, wenn wir denken, spielen wir die Vergangenheit ständig neu durch und interpretieren durch sie unsere Gegenwart.

Auf diese Weise lassen wir nichts wirklich Neues zu und sind nicht offen für Veränderungen. Weil wir uns aber in vielen Dingen bereits verändert haben, unser Denken aber noch immer an alten Lösungen festhält, werden wir uns selbst immer fremder. Wir fühlen uns nicht mehr wirklich wohl.

Solange wir jedenfalls dem Denken die Alleinherrschaft über uns geben, wird uns auch das Gefühl der Liebe nicht begegnen.

DENKEN HÄLT UNS DAVON AB ZU LIEBEN.

Denn mit wahrer Liebe kann unser Verstand nicht wirklich etwas anfangen. Eigentlich kennt er so etwas »Diffuses« wie die Liebe nicht. Und was der Verstand nicht kennt, gibt es für ihn nicht. Und was es für ihn nicht gibt, gibt es auch für dich nicht. Das würde deinem Verstand widersprechen. Und das darf er auf keinen Fall zulassen, sonst würdest du vielleicht an der Kompetenz des Verstandes zweifeln. Und das wäre sein Todesurteil. Und deine Rettung.

Der Verstand kennt die Liebe meist nur als Illusion, als

Verletzung, als etwas Schmerzhaftes, als etwas, was man sich verdienen muss. Dies alles redet uns der Verstand auch heute noch ein. Aber der Verstand hat keine Ahnung von der Liebe. Er ist ein Computer. Er kann nur denken.
Aber die Liebe denkt nicht. Sie wägt nicht ab. Sie kalkuliert nicht. Sie sucht nicht nach Vorteilen. Wer liebt, überlegt und interpretiert nicht mehr. Er bewertet und urteilt auch nicht mehr. Wer liebt, ist angekommen.

> WER VERGLEICHT, LIEBT NICHT MEHR.
> WER LIEBT, VERGLEICHT NICHT MEHR.

Jedes Mal, wenn wir also wieder zu denken beginnen, entfernen wir uns erneut von der Liebe. Sie wird für uns immer unerreichbarer.

Wie entkommen wir aber nun diesem Kreislauf der Gedanken?
Haben die Gedanken Kontrolle über uns, sind wir nur Beifahrer unseres eigenen Lebens, ohne die Möglichkeit zu haben, jemals ins Steuer greifen zu können. Haben dagegen *wir* unsere Gedanken unter Kontrolle, können wir unser Leben auch selbst in die Hand nehmen.

Aber wie können wir das bewerkstelligen?
Indem wir uns immer wieder klar machen, dass alles, was wir denken – alles! –, nur Gedanken sind. Es sind nur Gedanken. Es ist nicht die Wahrheit. Sie schwemmen nach oben, unkontrolliert, eigenständig und meist

ziemlich aufdringlich. Oft genug aber tarnen sie sich auch und kommen schleichend, fast nicht wahrnehmbar in unser Bewusstsein, und wir registrieren erst nach geraumer Zeit, dass wir bereits für einen längeren Zeitraum nicht mehr wirklich anwesend waren, sondern in eigene Welten hineingedacht haben.

Das ist nicht weiter schlimm. Wenn Gedanken nach oben kommen, bekämpfe sie nicht. Lass sie einfach zu. Wenn wir sie bekämpfen, werden sie nur an Kraft zunehmen. Wir können sie kurz registrieren und anschauen. Aber wir müssen uns nicht damit identifizieren. Wir müssen vor allem nicht unsere Umwelt nach diesen Gedanken beurteilen. Wir lassen sie einfach kommen und wieder gehen. Wir geben ihnen keine Bedeutung. Es sind einfach nur Gedanken. Es ist nicht die Wahrheit.

WIR SIND NICHT DER VERSTAND.
DAS, WAS WIR DENKEN, ERLEBEN WIR NICHT REAL.
NICHTS GESCHIEHT SO, WIE WIR ES DENKEN.

Und wenn die Gedanken Misstrauen säen oder Trennung herbeiführen wollen, lächle, denn es sind nur Gedanken. Wie Seifenblasen blubbern sie hoch. Wie Seifenblasen schweben sie davon. Wenn wir ihnen künftig keine allzu große Bedeutung beimessen, wird unser Leben mit jedem Tag angenehmer und schöner. Weil wir plötzlich bemerken, dass wir mit jedem Tag von unseren Scheingefechten und ewigen Selbstgesprächen freier werden. Sie verlieren an Macht und Einfluss. Wir nehmen plötzlich wieder wesentlich bewusster an unserer Partnerschaft teil.

Und wenn wir es nicht schaffen, aus der Gedankenwelt der Ängste und des ewigen Vergleichens auszusteigen, dann wäre es gut, einfach mit unserem Partner darüber zu sprechen.
Sag ihm, dass du in einer Schleife gefangen bist, die nichts mit ihm zu tun hat, die er aber vielleicht ständig auslöst.
Sag ihm, dass du noch nicht frei bist, so zu reagieren, wie du es gern möchtest. Bitte ihn um Hilfe, denn das schafft Verständnis. Und Verständnis erzeugt Liebe. Und Liebe verscheucht alle Gedanken.
Vor allem aber:

DENKE MIT DEM HERZEN.

Denn bei Herzensangelegenheiten hören Liebende ausschließlich auf ihr Herz und das Gefühl. Wenn es um Liebe geht, befragen wir schließlich auch nicht unseren Computer. Höre immer nur auf deine Intuition und auf deinen Bauch. Überlege nicht, kalkuliere nicht, wäge nicht ab. Liebe einfach. Alles, was wir mit dem Herzen tun, ist zum Wohl aller. Vor allem aber zu deinem eigenen.

20. Das erstaunliche Potenzial von Eifersucht

*Je stärker wir glauben, dass unser Glück
allein vom Partner abhängt,
desto schneller wird sich
das Gefühl von Eifersucht einstellen.*

Wir wollen es nicht haben. Wir wollen uns nicht so klein und aufgebracht zeigen. Wir wollen unsere Partnerschaft in Ruhe und Frieden genießen. Dennoch können wir es manchmal nicht verhindern, dass uns das schmerzvolle nagende Gefühl der Eifersucht einfach übermannt. Meist geschieht dies völlig überraschend und unerwartet. Manchmal kommt die Eifersucht auch schleichend und bohrend, die Liebe aushöhlend, bis wir schließlich davon überzeugt sind, dass unser Partner uns betrügen oder gar verlassen wird.

Jedem von uns wird dieses Gefühl irgendwann schon einmal begegnet sein. Auch ich kenne Eifersucht nur zu gut. Als ich zwanzig war und mich trotz aller beruflichen Erfolge minderwertig fühlte, achtete ich stets sehr genau und kontrollierend auf meinen »Besitz«. Damals wusste ich noch nicht, dass genau dadurch meine Eifersucht geschürt wurde.

Eifersucht entsteht meist dann, wenn man glaubt, um die Gunst eines Menschen konkurrieren zu müssen. Das ist ein ziemlich beunruhigender Gedanke. Denn in Wettstreit zu treten bedeutet, dass ebenso gut ein anderer der Gewinner sein könnte. Meist wird man zuerst wütend, weil man nicht verstehen will, dass man plötzlich, trotz der wunderbaren Liebe, wieder in einen Wettstreit mit jemand anderem treten soll. Man war sich seines Partners doch so sicher. Aber nun soll das alles mit einem Schlag nichts mehr gelten?
Je stärker das Gefühl der Eifersucht ist, desto stärker ist man davon überzeugt, dass man den Wettbewerb nicht bestehen wird. Eifersucht bedeutet genau genommen, dass man davon ausgeht, der Verlierer zu sein. Das macht Angst. Große Angst. Im Glauben des sicheren Verlustes spürt man plötzlich nur noch die eigene Minderwertigkeit und findet keinen Grund, warum der Partner bei einem bleiben sollte.
Alle Sicherheiten, die man aufgebaut hat, zählen in diesem Moment nicht mehr. Man glaubt nicht mehr an sich. Schon gar nicht mehr an die bindende Kraft der Liebe. Man spürt nur noch, wie bedürftig und verloren man sich ohne den Partner fühlen würde.
Aus dieser Angst heraus versucht man, seinen Partner in dessen Entscheidungsfreiheit zu behindern. Man lässt ihn auf ziemlich massive Weise wissen, dass das eigene Glück nicht nur von seiner Anwesenheit abhängt, sondern auch davon, was er woanders tut, sagt oder denkt, wobei man genau vorschreibt, was für ihn alles erlaubt sei und was nicht. Wir beschneiden also die Freiheit des Partners, und das nur, weil wir davon überzeugt sind, dass unser Glück ganz allein vom Ver-

halten eines anderen Menschen abhängt. Und genau durch diese falsche Vorstellung beginnt meist ein fataler Kreislauf.

Ob begründet oder nicht: Abhängigkeit verstärkt die Eifersucht. Eifersucht zeigt uns eigentlich nur, wie unselbstständig wir uns empfinden. Wir fühlen uns in Wahrheit hilflos und abhängig. Hilflose und abhängige Menschen sind aber nicht begehrenswert. Wenn wir uns selbst dabei beobachten könnten, welchen Eindruck wir vermitteln, wenn wir eifersüchtig sind, würden wir erkennen, dass dies keine sehr anziehende Seite von uns ist.

Also ist Eifersucht kein sehr wirksames Mittel, um den Partner zu halten oder die scheinbar verlorene Liebe wiederzufinden. Im Gegenteil: Eifersucht trennt zwei Liebende und setzt der bisherigen Vertrautheit ein rasches Ende. Sie unterstellt, stiftet Unfrieden und zieht einen breiten Graben.

So unglaublich es klingen mag, wir versuchen tatsächlich, mit diesem kindlich tyrannischen Verhalten andere zu kontrollieren und zur »Vernunft« zu bringen. Wir fühlen uns sogar dazu berechtigt und glauben, dies sei Ausdruck unserer Liebe. Dabei hat unsere Eifersucht meist nichts mit dem wirklichen Verhalten des Partners oder den wahren Gegebenheiten zu tun. Auch nichts mit der Liebe, die unser Partner für uns empfindet. Sie sagt auch nichts über die reale Gefahr einer möglichen Trennung aus.

Eifersucht bringt »einfach nur« all die negativen Überzeugungen in uns hoch, die unbewusst in uns schlummern. Vielleicht hat man bereits schon einmal einen Menschen auf ähnliche Weise verloren, obwohl man um ihn gekämpft hat. Also befürchtet man, dass man bei einem neuerlichen Vergleich wieder unterliegen würde, und spürt nun den nie überwundenen Schmerz, den man nicht noch mal erleben möchte. Vielleicht wurde man in früher Kindheit verlassen oder trug bei irgendeiner anderen, längst vergessenen Gelegenheit tiefe Wunden davon. Vielleicht ist man auch insgeheim überzeugt davon, nicht liebenswert zu sein, oder man fühlt sich so minderwertig, dass man davon ausgeht, nie wieder einen anderen Partner zu finden.

Der Auslöser für die Ängste mag minimal sein, eingebildet oder real, meist haben sie mehr mit der eigenen Vergangenheit zu tun als mit der tatsächlichen Gegenwart.

Wollen wir uns von der Eifersucht befreien, sollten wir also nicht den Partner zu einem anderen Handeln zwingen, sondern uns von dem Gedanken zu lösen, das eigene Glück von den Handlungen eines anderen Menschen abhängig zu machen.

Besitzansprüche an einen anderen Menschen lassen uns nur tiefer in einen Strudel an negativen Gefühlen rauschen. Es gibt nämlich keinen Anspruch, den wir erheben könnten. Weder auf die Liebe, die Anwesenheit oder gewisse Handlungen unseres Partners. Unser Partner ist frei. Er kann gehen, wann immer er will. Wenn er dennoch bei uns bleibt, dann nur aus einem Grund. Weil er sich so entscheidet.

Weil wir aber nicht so recht daran glauben, dass unser Partner freiwillig bei uns bleiben wird, versuchen wir, ihn durch Besitzansprüche zu vereinnahmen. Wir nehmen ihm also die Freiheit. Hinter diesem Verhalten steht die große Angst, verlassen zu werden, und je mehr wir dieser Angst an Kraft schenken, desto größer wird das Gefühl der Eifersucht werden.

Solange wir darauf eifersüchtig sind, dass unser Partner Spaß daran hat, mit anderen unterwegs zu sein oder mit ihnen ein gemeinsames Projekt zu entwerfen, bedeutet das nur, dass wir *glauben*, unser eigenes Glück sei in Gefahr, wenn unser Partner woanders auch glücklich ist. Wir sehen uns schon einsam und verlassen durch die Straßen streifen. Natürlich im strömenden Regen, während andere sich wärmend aneinander kuscheln. Das ist aber nicht die Wahrheit. Es ist nur die Wahrheit, die wir – gefiltert durch unsere Muster der Vergangenheit – so sehen wollen. Die Realität kann ganz anders aussehen. Unser Partner kann uns von ganzem Herzen lieben und uns treu ergeben sein, und dennoch kann unsere Angst so stark werden, dass wir dieser Liebe nicht vertrauen und aus tiefster Überzeugung davon ausgehen, dass man uns erneut verlassen wird.
Und genau darin liegt auch die Chance, denn …

… E<small>IFERSUCHT IST EINE GUTE</small> M<small>ÖGLICHKEIT</small>,
<small>ALTEN</small> S<small>CHMERZ LOSZULASSEN</small>.

Entsteht das Gefühl von Eifersucht, ob begründet oder nicht, dann sollten wir dies zunächst als Aufforderung an uns selbst betrachten, mehr Selbstständigkeit, Eigenverantwortung und Liebe zuzulassen. Dadurch finden wir zu unserer Ruhe und Sicherheit zurück und gewinnen auf diese Weise auch wieder an Attraktivität. Das bedeutet natürlich Kraft und Größe zeigen. Aber warum sollten wir nicht zur Größe fähig sein. Lass deinen Partner frei und spüre die Größe, die sich entwickelt, wenn du entdeckst, dass die Eifersucht völlig unnötig war und nur deinen eigenen Urängsten entsprungen ist, die du nun durch die Liebe deines Partners für immer loslassen kannst.

In dem Moment, wo wir uns selbst wieder vertrauen und beginnen, unseren inneren Reichtum und unsere innere Strahlkraft zu sehen, beginnen wir auch, in unseren eigenen Augen wieder wertvoller zu werden. Je wertvoller wir uns selbst sehen, desto wertvoller wird die Beziehung werden. Wir zeigen nicht länger, wie wankelmütig wir in unseren Gedanken sind. Und deswegen können wir die Liebe unseres Partners auch uneingeschränkt empfangen, weil wir in unseren Augen würdig dafür sind. Wir sind ein würdiger Partner.

Wenn dein Partner woanders Freude empfindet, dann freue dich mit ihm, denn das ist ein Ausdruck von Lebendigkeit. Eine ähnliche Art von Wahrhaftigkeit haben wir auch zu Beginn der Partnerschaft erlebt. So haben wir unseren Partner kennen und vor allem lieben gelernt.

> ABSOLUTE FREIHEIT LÄSST DIE PARTNERSCHAFT WIEDER AUFLEBEN.

Nur so kann jeder wieder voll verantwortlich mit sich selbst und der Beziehung umgehen.
Nicht nur unser Partner, sondern auch wir sind eben-

so frei und können mit unserer Freiheit ebenso verantwortlich umgehen, wie wir es für richtig halten. Wir unterliegen keinem Zwang und keiner auferlegten Fessel. Wir können Dinge tun oder unterlassen. Es ist immer unsere ganz eigene Entscheidung. Wir haben also stets die Freiheit, uns zu entscheiden, und das gibt uns und der Partnerschaft ein hohes Maß an Würde. Zwei Menschen, die sich ihrer Verantwortung für ihre Liebe bewusst sind, gehen ganz anders miteinander um.

Besitzansprüche, emotionaler Druck oder massiver Zwang sind dagegen der Tod einer jeden Liebe. Eifersucht ist alles drei zusammen. Durch Eifersucht erreichen wir also das Gegenteil von dem, was wir eigentlich wollen.

VERSUCHT MAN, JEMANDEM FESSELN ANZULEGEN, STIRBT DIE LIEBE.

Das Beste ist, die Eifersucht zu nutzen und sie zu einem Verbündeten zu machen, der uns in die eigenen Tiefen führt. Wenn man aufhört, Schuld auszulagern, und all die kindlichen Vorwürfe nicht mehr seinem Partner entgegenschleudert, sondern ihm einfach nur seine Gefühle des Mangels und der Angst mitteilt, also ihn daran teilhaben lässt, gibt man sich und dem Partner die Chance, sich so zu sehen, wie man wirklich ist. Bedürftig und in einigen Bereichen noch emotional wie ein kleines Kind, das Angst hat, verlassen zu werden.

Denn Partnerschaft bedeutet auch Heilung.
Heilung von alten Schmerzen,
die wir nun zurücklassen können.

Wer es schafft, mit seinem Partner gemeinsam durch das schmerzliche Gefühl der Eifersucht zu gehen, ohne ihn dafür verantwortlich zu machen, hat die beste Chance, das »innere Kind«, das noch immer verloren darauf wartet, abgeholt zu werden, erwachsen werden zu lassen.
Und wir sollten nie vergessen, dass überstandene Krisen eine Partnerschaft immens stärken. Gemeinsam überwundene Probleme schenken der Beziehung eine ganz eigene Reife und schaffen zwischen zwei Liebenden eine ungeahnte Tiefe und Nähe.

21. Lieben heisst das Gute sehen

*Die Liebe entsteht nicht von selbst,
sondern nur durch unsere Sichtweise,
Dinge zu betrachten.*

Lieben ist so lange einfach, solange wir nur das Gute im anderen sehen. In der Verliebtheitsphase, zum Beispiel, tun wir nichts anderes und filtern alles Ungeliebte einfach aus. Später jedoch, wenn sich unser Blick verändert und wir an der Richtigkeit unserer Liebe zweifeln, erkennen wir plötzlich Dinge an unserem Partner, die uns bisher scheinbar nicht bekannt waren. Sie waren aber schon immer da, wir wollten sie einfach nur nicht sehen. Unser Blickwinkel war nicht darauf ausgerichtet.

Liebe entsteht nicht durch Gefühle, sondern durch unseren Glauben, wie die Dinge sind.

Glauben wir an das Gute, nehmen wir meist nur die wundervollen Dinge wahr. Misstrauen wir dem Ganzen, entziehen wir unserem Partner den sicheren Boden und betrachten nur noch die trennenden Elemente.

Liebe ist also kein Zufall oder plötzliches Ereignis. Liebe ist die Schärfung unserer Wahrnehmung in eine ganz bestimmte Richtung. Ob man die Liebe sieht und sie Teil von einem wird, liegt also an der Ausrichtung des Blicks. Wenn wir beginnen, uns selbst und andere in einem liebevollen Licht zu betrachten, wenn wir stets den guten Kern in uns und unseren Mitmenschen suchen, werden wir erfüllt von der Liebe zu uns selbst sein und sie an andere herantragen können. Wir werden dann die Liebe von anderen wahrnehmen und sie annehmen können.

>ES IST IMMER NUR DIE BETRACHTUNGSWEISE,
>DIE UNS LIEBEN LÄSST.

Das ist natürlich eine Sache, die unserem Verstand fast unglaublich erscheint, aber dennoch ist es die Wahrheit. Verurteilen wir einen Menschen, dann betrachten wir nur seine Fehler und bleiben an Äußerlichkeiten haften. Betrachten wir aber seine Fähigkeiten, seine Stärken, seine Begabungen und sein Potenzial, heben wir nicht nur ihn, sondern auch uns auf die Frequenz der Liebe.
Probiere es doch einfach mal aus. Nimm dir heute vor, nur das Schöne in deinem Leben zu sehen. Betrachte nur das Positive. Alles, was dir in deinem Leben nicht gefällt, erfährt heute keine Beachtung. Alles, was nicht deiner Moral oder deinen Vorstellungen entspricht, wird von dir nicht wahrgenommen. Wenn etwas anders sein sollte, als du es eigentlich möchtest, wende deinen

Blick auf das, was bereits deine Zustimmung besitzt. Halte dich mit nichts anderem auf.
Betrachte auch in deinem Partner nur das, was dir gefällt. Nimm nichts anderes wahr. Alles, was dich stören oder ärgern könnte, schiebst du beiseite und konzentrierst dich nur auf das, was du an ihm schätzt; seine Fähigkeiten, seine Stärken, seine Begabungen.
Rede über nichts und niemanden schlecht, schimpfe und ärgere dich nicht. Kritisiere und nörgle nicht herum. Du betrachtest und redest heute nur über das, was dir in deinem Leben Freude bereitet.

Diese kleine Übung ist die schnellste und beste Möglichkeit, wie man sein Leben vollständig verändern kann. Nur das Gute und Schöne wahrzunehmen bedeutet, neue, andere Energien im Körper freizusetzen. Man verändert seinen Blick und damit die ganze Wahrnehmung. Wir filtern aus der Fülle des Lebens nur die Dinge heraus, die für uns erfüllend und beglückend sind. Es ist wie das Einstellen eines Radiosenders auf die Frequenz, die einem gefällt.
Betrachtet man nur die guten Dinge in seinem Leben, wird der Empfang für den gewünschten Sender mit jedem Tag klarer und gewaltiger.
Von den Millionen an Eindrücken, die jeden Tag auf uns einströmen, können wir nur den geringsten Teil wahrnehmen. Und zwar nur den, auf den wir unser Augenmerk richten. Bewusst und unbewusst steuern wir so unser Erleben. Konzentrieren wir uns zum Beispiel darauf, dass wir nicht liebenswert sind und niemals die wahre Liebe finden werden, holen wir uns nur diese Frequenz aus der Fülle des Lebens. Genauso gut

könnten wir uns in unserer ganzen Schönheit betrachten oder den Reichtum, den das Leben bietet, wahrnehmen und uns darauf fokussieren.

Vor kurzem war ich in der Zirkusvorstellung »Afrika Afrika« von André Heller. Direkt neben mir saß jemand, der unglaublich viel am Programm herumzukritisieren hatte. Ich dagegen betrachtete nur das, was mir gefiel. Keiner von uns hatte Recht oder Unrecht. Aber ich verbrachte einen wundervollen Abend, mein Nachbar einen grauenhaften, während wir doch beide in der gleichen Vorstellung saßen. Er hatte eben nur auf das gesehen, was ihm missfiel. Alles andere klammerte er einfach aus und wurde dabei immer missmutiger. Wir haben scheinbar den gleichen Abend verbracht, aber ihn doch vollkommen unterschiedlich erlebt.
Und mit Sicherheit geht dieser Mann mit der gleichen Kritik an sein eigenes Leben heran. Mit Sicherheit sieht er auch dort nur das, was ihm nicht gefällt.

> MÖCHTEST DU DEIN LEBEN IN DER FÜLLE VERBRINGEN, KONZENTRIERE DICH NUR AUF DIE DINGE IN DEINEM LEBEN, DIE BEREITS FUNKTIONIEREN UND WUNDERVOLL LAUFEN.

Wir können unser Leben so oder auch ganz anders erleben. Es ist eine Frage der Betrachtungsweise. Das Glück ist bereits da. Es war schon immer da. Wir sind nur zu beschäftigt mit den Dingen, die uns nicht gefallen.

Wir erschaffen neue Fülle in unserem Leben, wenn wir die bereits bestehende Fülle wahrnehmen.

Das Leben hält jeden Tag unglaublich viele wundervolle Eindrücke für uns bereit. Es sind Millionen Dinge, kleine und große, die bereits in unserem Leben funktionieren. Unser Auto springt sofort an, die Straßenbahn kommt pünktlich, die Heizung wärmt unser Zuhause, das Gehalt wurde überwiesen, unser Partner hat für uns gekocht und verbringt Zeit mit uns …

Wenn wir uns jetzt noch angewöhnen, abends eine kleine Rückschau zu halten und dabei sehr bewusst zu beobachten, in welchen Bereichen unser Tag bereits wundervoll verlaufen ist, werden wir noch weitere Wunder in unserem Leben erschaffen.

Denn Energie folgt immer der Aufmerksamkeit.

Das bedeutet, dass ab jetzt jeder weitere Tag wundervoll sein kann. Und deine Arbeit. Und deine Partnerschaft. Und natürlich du selbst. Und weil wir ab jetzt den schönen Seiten unseres Lebens unsere Aufmerksamkeit schenken, werden sie immer mehr zunehmen.

Und deinem zweifelnden Verstand sagst du einfach Folgendes:

Lieber ein Optimist sein, der sich ab und zu mal täuscht, als ein Pessimist, der sich niemals irrt.

Je häufiger man sich mit den Fehlern des Partners beschäftigt, desto mehr versucht man, der eigenen Wahrheit auszuweichen. Vereinbare doch einmal mit dir selbst Folgendes:
Für jede Minute deiner Kritik an deinem Partner oder etwas anderem verbringst du eine Minute mit dir allein und betrachtest auch deine eigenen Fehler. Du wirst wahrscheinlich erstaunt sein, wie viel Zeit du allein mit dir verbringen musst.

HÖRT NICHT AUF, AN EUCH ZU GLAUBEN

*Wie lang die Nacht auch sein mag –
ein neuer Tag wird anbrechen.*
Südafrikanisches Sprichwort

Menschen kämpfen um Wahrhaftigkeit, suchen nach Liebe, die sie als Kind nie bekamen, wollen es besser machen, anders, und haben doch kein Handwerkszeug. Menschen bereuen, handeln unüberlegt, verletzen, vor allem die, die sie lieben, sind geschockt über ihre eigenen Taten, wollen es nicht wahrhaben, vertuschen, möchten ungeschehen machen.
Menschen machen Fehler. Auch das ist liebenswert.
Menschen kneifen, laufen weg, halten es nicht aus, kommen zurück, probieren es erneut und kommen trotzdem manchmal aus der Schleife der Wiederholungen nicht heraus. Menschen unterliegen, lassen sich locken, werden schwach, erliegen Versuchungen, erwachen, sind erschrocken und lügen aus Angst.

Wir alle ringen um Wahrhaftigkeit, wollen uns von den vorgelebten Mustern der Eltern lösen und rauschen doch immer wieder dort hinein. Mal gelingt es uns schneller, aus dem Loch der Vergangenheit zu krabbeln, mal ist es beschwerlicher. Mal finden wir neue, scheinbar gute Wege, manchmal bemerken wir viel zu spät, dass es vielleicht doch wieder die falschen waren. Wir sind Menschen. Wären wir Götter, wären wir schon lange nicht mehr hier.

> VERZEIHE DIR VOR ALLEM DEINE EIGENEN FEHLER.

Wir lieben, wir leiden, wir suchen, wir hoffen, wir kämpfen und sind betroffen. Und manchmal erreicht uns der Atem der Liebe. Dann ist alles anders als jemals zuvor.

> MUT ZEIGT NICHT, DASS MAN KEINE ANGST HAT,
> SONDERN DASS MAN ETWAS ANDERES FÜR
> WICHTIGER HÄLT ALS DIE ANGST.
> *AMBROSE REDMOON*

Vielleicht ist es die Liebe, die uns den Mut finden lässt, über unsere eigenen Schatten zu springen.
Und vergiss nie, Menschen schauen auf dich. Für viele bist du ein Vorbild, an dem sie sich orientieren. Sie schauen auf dich, sie verlassen sich auf dich, sie vertrauen dir, sie orientieren sich nach deinen Ansichten und Meinungen.

> WENN DIE HEILENDE KRAFT DER LIEBE
> DIR DEN WEG WEIST, ÖFFNET SICH AUCH FÜR VIELE
> ANDERE DAS HERZ.

Eine Liebeserklärung

Liebe Michaela,

ich liebe dich, weil du mich bis in die Tiefe meiner Seele verstehst.
Ich liebe dich, weil du all meine Unzulänglichkeiten ignorierst.
Ich liebe dich, weil du mir das Vertrauen geschenkt hast, Vater unserer Tochter zu sein.
Ich liebe dich, weil du mich so sein lässt, wie ich bin.
Ich liebe dich, weil niemand auf der Welt mich so wundervoll anblicken kann wie du.
Ich liebe dich, weil du mit mir um die Wahrheit kämpfst.
Ich liebe dich, weil ich in deinen Armen meine Freiheit spüre.
Ich liebe dich, weil ich in meinen Büchern so ehrlich sein darf.
Ich liebe dich, weil du dem kleinen Jungen in mir nie böse bist.
Ich liebe dich, weil ich dir zeigen darf, zu welcher Größe ich fähig bin.

Ich weiß, dass ich nicht zu bedingungsloser Liebe fähig bin. Ich weiß, dass der Gedanke, dass du mich irgendwann verlassen könntest, mich verrückt machen würde. Ich weiß, dass wir uns beide ein Korsett für unsere

Liebe bauen, in dem wir uns sicher fühlen. Ich weiß, dass du nicht mein Besitz bist, und gleichzeitig hätte ich es nur zu gern. Ich weiß, dass ich mich gern unentbehrlich mache, damit du nicht auf die Idee kommst, ein Leben ohne mich führen zu wollen. Ich weiß, dass du nicht auf diese Idee kommst, weil du auch mich liebst. Weil wir uns gefunden haben. Weil wir uns ergänzen. Weil wir uns aufeinander verlassen können.

Ich weiß, dass ich nicht zu wahrer, reiner, tiefer und allumfassender Liebe fähig bin. Den Gedanken, du würdest bei einem anderen Mann liegen, könnte ich nicht ertragen. Spirituelle Meister belächeln diesen Zustand, in dem ich mich befinde. Ich jedoch bin glücklich in meiner Unzulänglichkeit, weil ich liebe.

Ich danke dir für die wundervolle Basis in meinem Leben und das Kennenlernen meiner bisher ungelebten Seiten, die mir nun so viel Kraft verleihen, in die Welt hinauszustürmen und sie ohne Angst zu erobern.

Liebe Julia,
ich liebe dich, weil du mir gezeigt hast, was bedingungslose Liebe sein kann.
Ein Zustand, zu dem ich nicht fähig bin. Aber du.

Gott segne euch. Und mich für mein Glück, Teil eures Lebens sein zu dürfen.

Melody Beattie

Liebe, was du hast, dann bekommst du das, was du willst

Ein Workshop in Wundern

»Dieses Buch wird Sie und Ihr Leben umkrempeln«, verspricht die weltweit erfolgreichste Selbsthilfe-Autorin. Und dazu bedarf es nur 10 Minuten am Tag, 40 Tage lang. In zwei Schritten vermittelt dieser Workshop, wie man das schätzen lernt, was man hat, und wie man das bekommt, was man sich darüber hinaus wünscht. Erst wenn man sich mit seinem tatsächlichen Leben ausgesöhnt hat und sich dann auf die wirklich wichtigen Wünsche konzentriert, kann man wahre Wunder erleben.

> *»Melody Beattie gibt einem die Mittel an die Hand, die Großartigkeit und den Glanz des eigenen Wesens zu entdecken.«*
> Deepak Chopra

Ulrike Scheuermann

Wenn morgen mein letzter Tag wär

So finden Sie heraus, was im Leben wirklich zählt

Was für ein Glück, dass wir nicht unsterblich sind – denn das würde uns erst recht dazu verleiten, viel zu viele Stunden, Tage und Jahre zu vergeuden. Über den Tod nachzudenken hilft uns beim Leben. Denn erst seine Begrenztheit macht das Leben wertvoll. Wir tun nicht mehr alles – sondern nur das, was für uns tatsächlich zählt.

»Dieses Buch bricht mit einem Tabu. Es ist unkonventionell geschrieben und verblüffend ehrlich. Erstaunlich, was man dabei über sich selbst erfährt.«
Neues Deutschland